U0517481

HERMES

在古希腊神话中，赫耳墨斯是宙斯和迈亚的儿子，奥林波斯神们的信使，道路与边界之神，睡眠与梦想之神，亡灵的引导者，演说者、商人、小偷、旅者和牧人的保护神……

西方传统 经典与解释 **HERMES**
Classici et Commentarii

亚里士多德注疏集

Corpus aristotelicum
cum commentariis

刘小枫◎主编

亚里士多德论政体

Aristotle on Constitution

崔嵬　程志敏 ｜ 编

符雪茹 ｜ 等译

华夏出版社

古典教育基金·蒲衣子资助项目

"亚里士多德注疏集"出版说明

在马其顿宫廷长大的亚里士多德(公元前384—前322年,其父曾任亚历山大大帝祖父的御医)17岁赴雅典留学(公元前367年),师从柏拉图凡二十年,直到先师去逝。公元前343年,亚里士多德回马其顿任亚历山大傅保。亚历山大登基后,亚里士多德重返雅典开办吕喀昂学园(公元前335年),讲授诸学,流传下来的讲稿奠定了西方学问的基本形态,史称西方学问的第一集大成者——亚里士多德的好些哲学术语,如今也已成为我国学述的常用词。

在我国的西学研究中,古希腊学术研究一向寂寞,唯亚里士多德例外,从未遭受冷落:吴寿彭先生自知天命之年发奋翻译亚里士多德,历时三十年,垂译后学,其懼滋甚;苗力田先生主持翻译亚里士多德全集,嘉惠学林,模范昭明。

"知典型之在望,亦可以感发而兴起"。观当今西方学界亚里士多德研究进展,始知我国研究之差距不可谓不大。我辈后学理当追前辈德范,自励身心,再图精进。"亚里士多德注疏集"旨在从两方面推进我国的亚里士多德研究:从笺释入手完善亚里士多德汉译全集,采西人各家经诂纬织亚里士多德诠解——汉语学术欲究西学根柢,非如此不可。

古典文明研究工作坊
西方典籍笺释部乙组
2009年5月

目 录

编者前言

公元前 399 年,雅典人在经过合法的审判程序之后,民主地投票判处了苏格拉底死刑。苏格拉底之死成为西方自由民主价值不可回避的史实性原罪,血淋淋地记录着自由民主价值与雅典文明之间的矛盾冲突。克里同在苏格拉底的最后一天哭诉雅典的自由民主暴行,不愿亲见恩师被不义地处死,苏格拉底却笑言:"难道你愿意见我被正义地处死。"①苏格拉底之笑令雅典民主制下的庸众迷惑不解,就像他们同样无法理解苏格拉底的哲学追求一样。他们虽然智识不足,愚昧无知,不求上进,却权力在握。他们无法理解苏格拉底的生活方式,更无法理解苏格拉底之笑,于是便有了对难解之事或智慧之人的义愤。② 苏格拉底的性命民主而又荒诞地掌握在了他们手中。

柏拉图曾用医生之例来比喻这种处境:我们生病时,会请专业人士(医生)指导,不会抓一群人来民主地投票决断如何用药;然而,我们在处理政治问题时,却把权力交给那些毫无政治学专业知识的庸人们。政治学领域与医学领域一样,需要专门

---

① Cf. Xenophon, *Memorabilia Oeconomicus Symposium Apology*, trans. by E. C. Marchant O. J. Todd, Harvard University Press, 1923, p. 659.

② 多年以后,英国文学家斯威夫特重复了这种"不遭人妒是庸才"的说法,参 Christopher Fox eds., *The Cambridge Companion to Jonathan Swift*, Cambridge University Press, 2003, p. 1。

的知识方能决断。两个领域又有一点不同,常人对医学领域兴味索然,却难减对政治的热情。既有盲目的热情,又少有专门知识,雅典民主制的危险端赖于此。

苏格拉底之后,众门徒开始著书立说,操弄文字,目标仅系于一事,即政治教育。既然人人都会对政治领域有言说的兴趣,接受政治专业的训练当然十分必要。让非专业的政治诉求形成邪恶的浪潮,后果当然是灾难性。当年,纳粹势力借助欧洲人的反犹情绪赢得选票,让后世之人意识到简单的普选根本无法扼制政治中的邪恶。政治问题的复杂性远远超过了普通人的知识范畴与把控能力。吊诡的是,普通人对政治生活的热情与政治知识的掌握全然不成正比。既然如此,如何恰如其分地施行政治教育才是解决现实问题的关键。

一 古典政治教育的含混

我们若带着现实政治教育的问题回到古典文本之中,聆听古代先贤的指引,会遇到一个政治思想史上的窘境:柏拉图在《王制》(旧译《理想国》)中借苏格拉底之口所讲的话,与亚里士多德《政治学》卷2中的论述,彼此矛盾,难以融合,我们应该跟谁学习或应该如何从事政治教育。苏格拉底是柏拉图的恩师,而亚里士多德则是柏拉图的弟子,为何亚里士多德要反驳自己的师祖?

柏拉图的现存作品多为剧作,另有少量书信,均属文学体裁,比起亚里士多德的哲学论文式直陈文字而言,柏拉图作品文笔曲折,意蕴隽永,内在意图隐而未彰。在《斐德若》中,柏拉图表示,文字一旦写下,就不再懂得如智慧之士那样,随语境及人物不同而修饰语言、调节语义,以适应复杂的人世生活。① 既然如此,亚里士多德为何要违背恩师的做法?

古今中外的智慧之士均为智慧的传递穿上一层外衣,柏拉图的戏剧式写作与孔子的春秋大义,无不强化了文学对智慧的保护作用。不让那些疯狂之士接触到最具杀伤力的知识:知识要对不具备"温柔敦厚"品质的人保密。既然如此,亚里士多德的写作实践岂非违背了苏格拉底-柏拉图传统?

1704 年,时年 37 岁的斯威夫特(Jonathan Swift)发表《书籍之战》一文,以寓言式写作方式论述现代思想产生的根源:司各脱(John Duns Scotus)联合亚里士多德,取代了柏拉图思想曾有的统治地位。② 据此论述,柏拉图与亚里士多德的分歧,绝不仅是文本形式的差异,更有思想性质的龃龉。

哲学史上的常识告诉我们:早期基督教神学与柏拉图为友,而经院哲学-神学则纠缠于亚里士多德思想。神学家在亚里士多德形而上学复兴之后感受到了异教思想带来的冲击:基督教信仰中是

---

① 柏拉图的戏剧写作,涉及针对不同灵魂言说的问题。戏剧的情节性设计,让不细心的读者无法真正领略其中要旨。学界已经关注到柏拉图写作的灵魂问题,但灵魂之间的差异仍然是研究的难点。参潘黎,《柏拉图论人类灵魂的起源——以〈斐德若〉为中心》,载《哲学动态》,2019,第 4 期,页 78-85;另参拙文,《修辞学在哲人与伪哲人爱欲转变中的双重作用——柏拉图〈斐德若〉译读》,载《江西社会科学》,2018,第 9 期,页 22-30;就此问题最完整的论述,可参伯格,《为哲学的写作技艺一辩——柏拉图〈斐德若〉疏证》,贺晴川、李明坤译,北京:华夏出版社,2016。

② 参斯威夫特,《图书馆里的古今之战》,李春长译,北京:华夏出版社,2015,页 200。

否同样包含着理性。13 世纪因此被称作亚里士多德的世纪。① "精微博士"司各脱的撰述初衷并非与亚里士多德联合,而是要消解亚里士多德形而上学给经院哲学—神学带来的冲击。理解亚里士多德文字的意义竟成为各个时代沉思者不可推卸的重任。

亚里士多德的一生是作为哲人沉思的一生,勤勉耕耘,思及寰宇,后世思想受其影响者不可胜数。作为哲人,亚里士多德深知沉思生活具有超越性品质,懂得如何运用沉思的阶梯,攀登形而上的巅峰。② 哲人陟彼高岗的意志力本与常人的信仰无涉,毕竟道不同,不相与为谋。据称,亚里士多德的传世文字,尽为当年讲稿,并非直接对外言说的作品。亚里士多德亦未曾料想他学园式的讲稿竟会流传后世,对常人、对信仰形成干预。③ 毕竟,亚里士多德深知学园学生与园外之人判若云泥。作品外传,其后果便是,那些凡事昭假神明的司各脱们,不得不面对神明启示的神圣永恒秩序与哲人揭示的偶在无穷性之间的张力。

柏拉图同样是哲人,为何他的作品没有像亚里士多德那样引来问题?

阅读并理解二圣全部作品已属难事,还要对其核心思想有深入把握就更加困难了。后世学人需要从某些细节入手,剖析思想内在肌里,方能渐入佳境。苏格拉底、柏拉图及亚里士多德

---

① Cf. Antonie Vos, *The Philosophy of John Duns Scotus*, Edinburgh University Press, 2006, p. 15 – 16.

② Cf. Matthen D. Walker, *Aristotle on the Uses of Contemplation*, Cambridge University Press, 2018.

③ Cf. Carlo Natali, *Aristotle: His Life and School*, Princeton University Press, 2013.

均把对政治问题的理解视作思想提升的关键。① 亚里士多德曾言，人是政治的动物。② 苏格拉底也同样把对政治问题的理解放到至关重要的位置。凡人注定有死，这一在体性缺陷注定了人天然需要过政治的生活，以抵御生命的脆弱偶在性。

凡人借助视听、言辞及理智触碰关于世界的知识，这些知识即便经历了最大限度的抽象、最高程度的概括，也只是属人的直观概念，无法获取永恒的实在性。苏格拉底据此提出"无知之知"的著名论断。知识的不确定状态引来的是政治生活的无序。哲人发现人生在世的偶在性决定了政治无序的无穷性。哲学追求要突破知识的此时此地偶在性，实现对绝对实在的体悟，与在政治生活之中突破自身所见所知的局限，实现与他者的理解与整合，颇为类似。政治的知识与哲学的知识在属人的层面上交织融合，难解难分。从这个意义上讲，理解哲人们在政治思想上的差异的确是抵达其幽深思想的最便捷途径。③

---

① Cf. Leo Strauss, *The City and Man*, The University of Chicago Press, 1978, p. 13.

② 早前关于此问题的研究，可参程志敏，《人是一种"政治的动物"?》，载刘小枫、陈少明编，《诗学解诂》，北京：华夏出版社，2006，页138－154。新近的研究仍然没有留意到，亚里士多德学园中的学生，已对苏格拉底及柏拉图的文本相当熟悉，因此亚里士多德的论述会以苏、柏二圣的相关学说为前提；若舍弃这一背景，研究者不容易体察到亚里士多德政治论述背后涉及灵魂的差异问题；参刘玮，《亚里士多德论人自然的政治性》，载《哲学研究》，2019，第5期，页83－127。

③ 研究政治问题，既是实现政治教育的基础，同时又是理解古典思想的门径，学者斯塔雷（R. F. Stalley）曾编译过亚里士多德的《政治学》，还为柏拉图的《法义》写过导言，相关论述能为深入理解该问题提供方便，参R. F. Stalley eds., *Aristotle's Politics*, trans. by Ernest Barker, Oxford

　　学者们研究亚里士多德《政治学》卷二与柏拉图《王制》内容之间的龃龉，或可打开攀登思想巅峰的方便之门。在《王制》中，苏格拉底所谈的理想的政治，恰如高度精确的数学知识，既美且真，却于人世生活无益。城邦的高度统一正如数学之抽象，需要忽略具体属人的特征，以便寻觅永恒共性的存在。亚里士多德据此认为苏格拉底的错误正在于强化了城邦统一化的程度。实质上，亚里士多德在《形而上学》《欧德谟伦理学》《政治学》《动物的生成》《物理学》和《尼各马可伦理学》等多部文本之中，均论述了城邦、家庭与个人的"一"与"多"的问题，并非全然背离恩师的教诲。

　　然而，在政治理论方面，"一"与"多"的问题，似乎已属苏格拉底文辞与亚里士多德论述的张力所在；用最贴近的例子论述此理论，就是"妇女"与"儿女"的问题。妻子与儿女"属我"，分属个人，成为政治共同体中的"多"；人与人之间的情感（philia）则需要以事物的共同感为基础，又离不开"一"。政治共同体中的绝大多数人需要以属己之情铺就日常生活，但同时又离不开共同的生存情感；"多"与"一"纷繁复杂，纠缠交织。抽象的"一"洁净精微，道通唯一，勾连起共同体的"多"，但因无属己之感，又离生活太远；抽象的"一"不正是哲学思辨力图打开的玄妙之门吗？哲学的非属己性质与政治生活的属己情感存在着永

World's Classics, 2009; R. F. Stalley, *An Introduction to Plato's Laws*, Hackett Publishing Company, Inc. , 1983;他在1991年发表了一篇《亚里士多德对柏拉图〈王制〉》的批评，收录于《亚里士多德〈政治学〉指南》一书之中，颇有研读的必要，参 R. F. Stalley, *Aristotle's Criticism of Plato's Republic*, in David Keyt and Fred D. Miller eds. , *A Companion to Aristotle's Politics*, Blackwell Publishing, 1991, p. 183 – 199。

恒的张力,就像"一"与"多"之间所存在的张力一样。

哲学要引导人关注超越属己情感的事物,而政治生活则要以属己的情感为基础。"一"与"多"的辩证方案既是哲学的入门,同样又是政治知识的根本——民主地处理"多"的问题与集中地解决"一"的问题在政治领域之内并未消亡。政治生活的两难处境要求治邦者拥有双重品性,一方面既要懂得属己之情感,又要懂得在超越的"一"之中摆脱属己情感的束缚。在政治共同体至关紧要的财产问题上,若实行共有,则会失去生活基础,但若实行私有,则需要掌握财政大权的人士具备慷慨大方的品质。哲学追求超越属己情感之物,恰好可用于政治人物品行的培育。

在面对政治生活的两难处境方面,亚里士多德并未与柏拉图及其笔下的苏格拉底有什么不同。他们深切体会到政治生活的复杂,含混的文字是对政治生活复杂性的模拟,而理解这种含混状态正是古典政治教育的第一步,若不解其意,则难以融入政治生活;所以,古典政治教育所要面对的含混状态绝非故弄玄虚。①

二 现代政治教育的嬗变

现代政治生活并非完全不提供政治教育,恰恰相反,现代政治教育显得比古典政治教育的普及程度更广,为何在现代社会之中反而出现无知的政治浪潮?

理解这个问题,我们不得不把目光投向那个"明确与传统

---

① 参戴维斯,《哲学的政治——亚里士多德〈政治学〉疏证》,郭振华译,北京:华夏出版社,2012,页25。

彻底决裂"的首个"近代政治哲学"的代言人——霍布斯。① 霍布斯自幼天资聪颖,还曾翻译了修昔底德《伯罗奔半岛战争志》。修昔底德的地缘政治学学问倾向②为霍布斯后来拒斥终极目的和至高之道打下了基础。③

霍布斯的政治哲学思想主要分布在他的《法律要义:自然法与民约法》(1640年)、《论公民》(1642年)以及《利维坦》(1651年)三部著作之中。④ 若留意此三部作品的出版时间,我们不难发现它们与英国内战的紧密关系。霍布斯敏锐地发现,苏格拉底、柏拉图、亚里士多德、塞涅卡、塔西佗、普鲁塔克、西塞罗和希腊罗马的无政府鼓吹者等古典政治教诲,在战争状态之下完全失效,因而他觉得应全盘否认古典政治教诲,重新找到一条属于现代政治生活的路。⑤

在霍布斯所提及的这些古典教诲之中,西塞罗和希腊罗马的无政府鼓吹者这两类传统政治哲学最为特殊。⑥ 为将哲学引

---

① 参施特劳斯,《霍布斯的政治哲学》,申彤译,南京:凤凰出版传媒集团/译林出版社,2001/2008,页1。

② 参奥伯胡默尔,《拉采尔之前的政治地理学及其最新发展》,娄林编,《地缘政治学的历史片段》,北京:华夏出版社,2018,页4。

③ 参霍布斯,《利维坦》,黎思复、黎廷弼、杨昌裕译,北京:商务印书馆,2017,页72。

④ 参霍布斯,《论公民》,应星、冯克利译,贵阳:贵州人民出版社,2003;《法律要义:自然法与民约法》,张书友译,北京:中国法制出版社,2010。

⑤ 参霍布斯,《论公民》,应星、冯克利译,前揭,页122。

⑥ 施特劳斯在《自然权利与历史》一书中转引该部分内容之时,故意省略了这两类古典政治哲人,参施特劳斯,《自然权利与历史》,彭刚译,北京:生活·读书·新知三联书店,2003,页167。

入罗马的政治生活,西塞罗模仿前人,笔耕不辍;他坚信,政治生活之中不能缺少哲学的追求,否则政治生活会堕入盲目的机械运动之中。① 与西塞罗不同,希腊罗马的无政府鼓吹者则走向另一极端,后者以为哲学生活可以直接取代政治生活,直接在尘世共同体之中追求至善,以图否认人的在体性缺陷,突破"人是政治的动物"的命定论限制。所谓希腊罗马的"无政府鼓吹者"不过就是"非政治"运动中的智术师们,他们是柏拉图作品中的重要组成部分,亦是柏拉图的重要敌手。②西塞罗将哲学生活引入政治之中,即是将"一"置入"多"的语境之中,以便在罗马的政治生活中构筑张力,这正是西塞罗所属的苏格拉底运动虽源起于哲学,却不同于智术师运动之处。③无政府鼓吹者则意图以"一"取代"多",以求消解两类生活之间的张力,这正是霍布斯思想的出发点。

不过,引起我们深思的问题是:霍布斯及先前的智术师、无政府鼓吹者们为何要选择消解两类生活之间的张力?霍布斯历经战火洗礼,目睹人世混乱不堪以及生命的脆弱与无力,对他来说,哲学生活所追求的至善显得虚无飘缈,不再有说服力。古典政治哲学所倡导的政治德性担当在霍布斯眼里脆弱不堪。无论是古典政治哲学的追求,还是古典宗教的宣教,都无法一劳永逸

---

① 参施特劳斯,《西塞罗的政治哲学》,于露译,上海:华东师范大学出版社,2018。

② 柏拉图笔下的苏格拉底对待智术师的态度存在着具体差异,学者就此已有争论,参 David D. Corey, *The Sophists in Plato's Dialogues*, State University of New York Press, 2015。

③ Cf. Paul A. Vander Waerdt eds., *The Socratic Movement*, Cornell University Press, 1994.

地解决政治生活之中的困境和难题：人世的苦难难免引起情绪化的反应，它们永远大于理智的追求。古典精神要求古典智识人以坚毅的德性担当起承重墙的重任，影响并管制身边那些情绪化的反应与行动。只是这种德性担当苦不堪言，凭常人心性难以忍受。霍布斯在战乱之中的无力感，让他觉得可以试图建立起一种新的政治哲学，彻底解决自苏格拉底以来均没有解决的政治难题，从而免除智识人的德性担当，不再陷入政治生活的冲击之中。① 现代智识人也不必再像西塞罗那样在政治生活之中，孤独而决绝地追求哲学生活，而只需要像一枚螺丝钉一样，生活在一架完整的机器之中；尘世的生活不再需要中流砥柱般的坚毅，而智识人的生活也会轻松许多。霍布斯为代表的现代智识人追求生活的轻逸，而非勇于承担命定的沉重。

霍布斯的睿智与聪明无法改变他的轻逸心性，而他却改变了古典的原意。霍布斯看到了亚里士多德对《王制》"理想政体"的批判，又承袭了修昔底德的现实主义目光，彻底丢开柏拉图文本与亚里士多德文本的差异，不愿再为理解文本付出辛劳；②柏拉图的《王制》绝非简单提出最佳政体，而是在极端化的推衍之中恰当地呈现政治的本相；亚里士多德亦非对此毫无体察，而是意图在学园之中引导那些触碰过政治本质的弟子们留意政治生活中的具体现象。遗憾的是，现代政治哲学在某种程

---

① 关于霍布斯心性的分析，参沃格林，《政治观念史稿》卷七，《新秩序与最后的定向》，李晋、马丽译，贺晴川、姚啸宇校，上海：华东师范大学出版社，2019，页 70—72。

② 细读文本，理解前圣之思，所付出的辛劳似乎看来无甚价值，但在这类阅读与理解之中养成的细致、耐劳及持之以恒的政治品格，却不能为人所忽视。古典政治教育所依赖的文本阅读是政治德性培育的法门。

度上恰恰基于此种忽略。若我们无法意识到霍布斯心性与思想的关系，就无法全面理解现代政治哲学，亦无法真正回归古典政治教育。①

与霍布斯的理解不同，理想政体的问题在亚里士多德笔下从来没有完全消失过。② 沉思理想政体的哲学生活与维系政治生活中的友爱之间虽然存在张力，却未必不能调和。与柏拉图在言辞之中构筑理想城邦不同，亚里士多德知识的经验性（episteme）令古典政治追求有了新的着力点。③ 古典政治哲学既不能让经验性的论述彻底淹没至高存在，同时又要充分意识到人的智识性缺陷，从而理解哲学真理与属人智慧之间的距离；既如此，人究竟应该如何安顿自身生活？

现代政治教育嬗变的发生，实质上即是对人安身立命的原则有了不同的理解——哲学真理与属人智慧之间的距离已经被抹平。柏拉图与亚里士多德文本的差异隐含的正是古典政治哲学对人本身的区分。在《斐德若》中，柏拉图充分知晓文字一旦写成，再也无法针对不同的人说不同的话，因此文字本身需要自

----

① 莱尔德（J. Laird）的《霍布斯论亚里士多德〈政治学〉》只是这类研究中的沧海一粟，或许能够为学人们认清现代政治哲学的根基提供某些帮助，参 J. Laird, "Hobbes on Aristotle's 'Politics'," in *Proceedings of the Aristotelian Society*, New Series, Vol. 43（1942 – 1943）, pp. 1 – 20。

② Cf. Fred D. Miller, JR., "Aristotle on the Ideal Constitution," Georgios Anagnostopoulos eds., *A Companion to Aristotle*, Wiley – Blackwell, 2009, pp. 540 – 554.

③ 关于亚里士多德伦理学知识的特质，新近的研究可参 Joseph Karbowski, *Aristotle's Method in Ethics*：*Philosophy in Practice*, Cambridge University Press, 2019。

己学会保护自己;①但亚里士多德则不同,虽对文字的性质有恰当的认识,但他毕竟未曾想到他的讲稿会流传于世。亚里士多德对柏拉图作品的批判,构筑起学园"内与外"之间的张力,针对着不同的灵魂与性情。②

由于凡人有注定必死的天然欠缺,人们在生活之中无法独自承受死亡带给人的虚无,凡人的"诗意栖居"需要的是生命本身的抱慰,而非哲思性的呢喃。再者,由于凡人的灵魂与性情存在偶在性差异,生命意义的抱慰与价值阐述彼此冲突,莫衷一是。既如此,人生意义的表述必然含混而繁杂,亚里士多德在对人性的伦理思考基础之上论述各个政体的优劣,最终让混合政体成为凡人的最佳选择。③

若混合政体成为凡人的最佳选择,那么在某一具体时刻究竟应该依凭何种原则作出最终决断就会遇到巨大的麻烦。混合政体的含混性对治邦者的能力提出了极高的要求,不仅要求治邦者能够体察普通人的生活欲求,还要求他们在做出政治决断之时超脱个人名利得失。沉思者本身能够超越个人名利得失,拥有高贵的政治德性,却难与政治共同体价值相融。沉思生活自求辛螫,桃虫之思,亦可翻飞维鸟,撼动传统生活。只是,仰望星空的爱欲与习惯,亦可置换在体性缺陷衍生的世俗性欲望,超脱世俗世界对价值承认的贪求,最终驯服不羁而盲目的政治渴

① Cf. Danielle S. Allen, *Why Plato Wrote*, Wiley – Blackwell, 2013.

② 参娄林编,《〈理想国〉的内与外》,北京:华夏出版社,2013。

③ Cf. Emma Cohen de Lara, "Aristotle's Politics: Ethical Politics or Political Realism?," in Emma Cohen de Lara and René Brouwer eds., *Aristotle's Practical Philosophy: On the Relationship between His Ethics and Politics*, Springer, 2017, p. 13 – 35.

慕,化解尘世的纠纷与冲突。政治生活的欠缺与不完美状态注定了沉思生活本身的价值,毕竟那些在政治共同体之中高贵的德性只是沉思生活中德性的影子(《尼各马可伦理学》1140a1 - 2)。

现代政治哲学以为,把高贵德性的培育托付于沉思者并不公平;霍布斯在内战之中看到,高贵的德性已经踪迹全无。与其把权力交给高贵的沉思者,不如把全民都培养成沉思者,以此去掉强加在沉思者身上的负担。让全民成为沉思者,追求高贵德性的普遍化,结果德性的标准越来越低。

现代政治教育遇到的两难困境在于,政治秩序的维系离不开政治生活参与者对至高之善的神圣性大加赞颂(《形而上学》1075 a11 - 15),而沉思者外在显露出的高贵政治德性与其内在对至高存在的否定性追求存在巨大的张力。消化与担负这样的张力者不可能是普通人,也无法奢望所有人都有这样的力量。①沉思者的智识性德性本身即是某种混合体或综合体,本身具有难解的含混性(《尼各马可伦理学》1139b22 - 24,31 - 32,1140b33 - 34,1141a18 - 20)。政治生活需要的两大类因素:一类有助于维系政治生活的秩序,它需要对至高存在的共同礼赞;另一类因素则是政治德性的根基,需要对至高存在的否定性追慕。优秀的政治共同体需要将两类互相矛盾的政治德性融合起来,使得可见的政治世界与超越性的真知互为表里(《尼各马可

---

① 新中国建立以来的常识告诉我们,我们不可能要求所有人都是优秀共产党员,但甘于奉献的共产党员总会不时出现。亚里士多德在《诗术》(旧译《诗学》)中提及的"净化"即与非凡之士的成长紧密相关,相关论述参刘小枫,《巫阳招魂:亚里士多德〈诗术〉绎读》,北京:生活·读书·新知三联书店,2019,页426 - 432。

伦理学》1140b33 – 1141a8）。人世间政治生活的安顿离不开某种政治与哲学的张力，现代政治哲学意图抹平这种张力。

亚里士多德的"理想政体"靠近了中庸状态。一方面至高存在的神圣性不可触碰，否则，离开了神圣性的支撑，政治生活势必混乱不堪。另一方面沉思者必然要以否定的姿态接近神圣者，否则政治生活最需要的德性无从生根。沉思生活成为维系人世并同时超越人世的法门。① 《政治学》卷四至卷六理性地分析了现实境况，从中获取经验知识，这绝不意味着亚里士多德背离柏拉图式的哲学生活，与马基雅维利式的现实关切同谋，而是将否定性的沉思生活保留在了现实知识层面；一方面既维护了至高存在的神圣性，另一方面又以否定现实政治形态的方式无限趋近于至善（《论天》2. 12. 292b17 – 19）。② 他没有像现代政治哲人那样，以现实可见的知识取代了不可见的形而上知识，否定了沉思生活本身的价值，从而意图抹平沉思生活与政治生活之间的鸿沟，不再保有对至高存在的渴望。

研究现实的政治问题并非因为现实问题便是最高之物，而是据此保持研究与沉思的状态本身。具体的政治体制问题便与具有纯粹思辨性质的数学、心理学及图形学范式结合起来，实现了政治问题与哲学思辨的融通。③ 最佳政体当然要把两个方面

---

① Cf. Bodéüs, "Notes sur quelques aspects de la conscience dans la pensée aristotélicienne," *Phronesis* 20, no. 1, 1975, p. 73.

② Cf. Oehler, "Aristotle on Self – Knowledge," *Proceedings of the American Philosophical Society* 188, no. 6, 1974, p. 499.

③ Cf. William W. Fortenbaugh, "Aristotle on Prior and Posterior, Correct and Mistaken Constitutions," *Transactions of the American Philological Association*, Vol. 106, 1976, pp. 125 – 137.

混合起来,而混合政体作为最佳政体的样式则是这种现象的直接表述;这一表述与柏拉图在《王制》以数学性的纯粹构想出的"王制"共契。两圣的论述均以沉思者的生活与共同体的生活之间的鸿沟为前提。现代政治教育的嬗变是以抹平政治与哲学间的鸿沟为思想基础。

三 哲人王问题

似乎仍有持异议者以为,柏拉图所推崇的"哲人王"被亚里士多德所忽略;①这类学者未曾想到,实现城邦的整体幸福离不开对公私利益的全方位调和。调和行动要求从业者既要懂得私人的利益,同时又要放弃自身的利益,以尽可能地照顾全体邦民的利益。公与私的问题在亚里士多德的理想政体之中至关紧要。② 一个人既要生活于政治共同体之中,又要出离于政治利益的算计,几乎是不可能的;唯有具有真正哲学追求的人才有可能实现二者兼顾。共同体的幸福便仰赖于哲人与统治权力的偶然结合。

在亚里士多德的政治论述之中,学者们试图找寻关于哲人王的论述,却始终未能发现。只是或许我们都没有意识到,若亚里士多德的撰述确为讲稿,那么潜在的哲人王正是那些坐在教室里聆听导师的教诲之人。即便亚里士多德没有直接论述哲人

---

① Cf. Fred D. Miller, JR., "Aristotle on the Ideal Constitution," pp. 540 – 554.

② Cf. Judith A. Swanson, *The Public and the Private in Aristotle's Political Philosophy*, Cornell University Press, 1992.

王,其政治撰述的政治哲学品质却无法掩盖。观察与研究政治问题绝非局限于政治生活,而是把观察政治问题作为实现哲学生活的手段;①这与现代政治哲人的构想不同,后者意图设计出某种科学的政治体制,据此一劳永逸地解决政治难题。如若柏拉图笔下的潜在哲人王化作了亚里士多德讲稿所面对的听众,那么二圣文本论述的差异,就不如后世之人所料想的那么大。

现代政治哲学不了解"哲人王"的意义,实质上是遗忘了哲人及哲学本身的政治属性:政治的动物划定了理性的疆界。人的哲学追求只能限定于政治语境之中,没有人能真正拥有独具真理的品质。既要培育学生追求真理,又要训练学生避免独具真理的姿态,这才是亚里士多德在《政治学》中引导弟子们研习政治问题的重要任务。亚里士多德与现代政治哲学的分野在于,经营四方的政治行动究竟是理论分析所能掌控的对象,还是朝夕不暇的沉思对象。在古典政治哲学看来,现代政治哲学自视高妙的理论体系,实则仅是置诸旷野的空中楼阁。

亚里士多德首先从政治体制的类型来引导这些学生;相关论析出现在亚里士多德最具实践性的章节之中(第4-6卷)。据拉尔修所述,亚里士多德共研习过158种政体。② 他把所有的政体分为"正确"形式与"败坏"形式两类。前者包括贵族制、共和制和君主制;后者则包括寡头制、民主制和僭主制。在所有

---

① Cf. Peter L. Phillips Simpson, *A Philosophical Commentary on the Politics of Aristotle*, The University of North Carolina Press, 1998.

② 参拉尔修,《名哲言行录》,徐开来、溥林译,桂林:广西师范大学出版社,2010,页221;新近的译本参拉尔修,《古希腊哲学的故事》,王晓丽译,北京:时事出版社,2019,页177。

这些政治体制之中,寡头制与民主制成为政治生活中的两极。①
极端状态最易暴露事物的本质,而对于政治事物而言,极端状态
当属败坏之形式。

民主制与寡头制分别由穷人与富人掌控最高治权,分属极端
对立之态。民主派以为,人世当中理应贯彻绝对平等(或称算术
平等),而寡头制则认为适当平等(或称几何平等)才能维护社会
公义。② 小个子拥有大衣服与大个子拥有小衣服,二人之间是否
应该将衣服直接互换,这一问题只是算术平等与几何平等的另一
种表述。最佳政体显然必须避免两种极端,又同时发挥两种制度
的优势。所以,混合式的政治体制往往能走向成功。③

因为绝粹与绝对的某种极端政治在现实之中根本不可能,
即便民主制与寡头制本身同样有程度的差别。政治教育至少会
让人理解,绝对及纯粹的制度本身不应该成为理想政体的首选,
不必为坚持某一幼稚的理想而走上街头;另一方面,政治教育也
应让人注意到各种政治诉求背后所涉及的经济问题。

无论是民主制的拥护者,还是寡头制的主张者,均是在生活
中放大了自己的片面诉求。穷人基于自由领域方面的平等,从

---

① 参 Richard Mulgan, "Aristotle's Analysis of Oligarchy and Democra-
cy," in David Keyt and Fred D. Miller, JR. , *A Companion to Aristotle's Poli-
tics*, Blackwell, 1991, pp. 307 – 322,即本书第五篇选文。

② 对民主制的辩护是以对众人德性的褒扬为基础,而对法律统治的
辩护则出现在绝对王权的语境之中,参 Clifford Angell Bates, Jr. , *Aristotle's
"Best Regime"*: *Kingship, Democracy, and the Rule of Law*, Louisiana State
University Press, 2003, p. 5。

③ 民主集中制的优势正在于混合了两种政治体制的优点;参王旭,
《作为国家机构原则的民主集中制》,载《中国社会科学》,2019,第 8 期,页
65 – 87。

而认为他们应在所有方面平等;富人以为财富方面的优越意味着他们应在所有领域享有特权。① 不仅如此,亚里士多德对民主政治的非议主要也在于,生活于该政治体制之下的民众会逐渐将自身的利益凌驾于集体利益之上。但民主制的类型却因为民众类型本身具有的多样性而无法统一。

亚里士多德细究了民主政治体制的本质、类型、历史及其异常状态,并最终认定解决之道存在于某种中庸政治的构建之中。他对民主政治体制的诸多优点有了全方位的认识,却从整体上对民主政治没有什么好感。在很大程度上,纯粹民主制度之下的大众总是追求自身的利益,而煽动家则利用人们的这一追求,煽动民众情绪,扰乱视听,最终实现自己的利益诉求,没有人再挺身关注共同体的利益;在这种情形之下,政治决议往往并非共同体中德性最高的人所做出来的。

在《政治学》中,亚里士多德推崇的最佳秩序应该由至高德性者占据统治地位;因为优良的统治,既需要大多数非专业人士的日常经验,又得利用某种技术理性(technē)和统治高手安排的结构(poiēsis)。唯有至高德性者能同时兼具两者。② 至高德性的概念要求了对人的某种区分。寡头派与民主派均以偏概全地把某种个别团体的原则运用到了共同体的所有成员之上;寡头派有财富方面的优越性,他们据此认为他们应在政治共同体中享有优越性;民主派则把生而平等误解为人类在各方面均应

---

① Cf. Andrew Lintott, "Aristotle and Democracy," in *The Classical Quarterly*, New Series, Vol. 42, No. 1, 1992, pp. 114 – 128.

② Cf. W. R. Newell, "Superlative Virtue: The Problem of Monarchy in Aristotle's 'Politics'," in *The Western Political Quarterly*, Vol. 40, No. 1, Mar., 1987, pp. 159 – 178.

平等。至高德性者能超越所有的政治派别。

　　然而,"至高德性者"所具有的德性极为稀有。要具备至善之人的至高德性,这对于由"平等者"组成的政治共同体而言是难以承受的,就像阿尔戈船上的英雄们发现赫拉克勒斯(Hercules)太重,无法维持船体不下沉(1284a15 – 25)。毕竟至高德性虽然具有中庸的品质,但其德性之高,远超众人,会令身边之人相形见绌,自然会引致敌意。民主制下的陶片放逐法与僭主制下修剪高枝一样,至善之士虽然拥有至高德性,却极难融入政治共同体的生活。于此,我们才能理解苏格拉底与孔子均有"道不行"的慨叹,而斯威夫特则有"不遭人妒是庸才"的扼腕。

　　政治学研究与政治教育的问题至此转变为两类人的相处:至善之士与政治共同体中的大多数人。民主政治体制正是多数人的统治,而寡头制则是少数人的统治。亚里士多德所说的最佳政治是混合政治体制,即某种多数人与少数人的混合统治;这也即是说,少数人与多数人的和谐共存才是政治问题的关键。①少数人在西方是哲人,而在华夏文明传统之中便是中庸之士。西方政治哲学的混合政制与华夏文明之中的和谐概念就有了某种共通的基础。② 民主集中制的优越性正体现于这种和谐概念之中。

　　西方的现代政治哲学理念以为,少数优秀之人与多数人之间不存在根本性差异,所以政治教育的核心在于抹平少数人与多数

---

　　① 参施特劳斯,《古典政治哲学引论——亚里士多德〈政治学〉讲疏(1965 年)》,娄林译,北京:华东师范大学出版社,2018。

　　② Cf. Keping Wang, *Harmonism as an Alternative*, Palgrave Macmillan, 2018.

人之间的差异,让多数人纯粹民主地参与政治事务;古典政治教育认为,少数优秀之士与多数人存在着重大差异,无法抹平,权力必须集中起来方能巩固政治生活。那么,政治教育的核心问题即是如何培养心系人民、一心为公的高尚之士。亚里士多德《政治学》以音乐的教育和古典诗教作为全书结尾,正是在思考如何培养这样的高尚之士。《政治学》的价值最终落脚在教育之上。①

本书由恩师程志敏先生收集,笔者负责组织译者翻译,组译的过程是笔者学习与成长的过程,也借以为此类研究的展开贡献绵薄之力。古典学问博大精深,能从事此类研究与翻译,笔者深以为幸。多年来,笔者先后得程志敏先生、刘小枫先生和王柯平先生指点,方得初识门径,在此特感谢三位先生。同时我要感谢本书所有译者饱含热情援手翻译,为古典学术出力。笔者校对全书,然眼力所限,文中或仍存疏漏,企盼方家指正。

本书所引亚里士多德著作,很大程度上参考了现有的中译本,包括苗力田先生主编的《亚里士多德全集》(中国人民大学出版社,1990-1997),以及吴寿彭先生翻译的《政治学》(商务印书馆,1965)、廖申白先生翻译的《尼各马可伦理学》(商务印书馆,2003),特此说明。

崔 嵬

北京第二外国语学院

文化与传播学院　区域国别学院

中国区域国别高等研究院

---

① 参潘戈,《亚里士多德〈政治学〉中的教诲》,李小均译,北京:华夏出版社,2017。

亚里士多德对《王制》的批评

斯塔雷(R. F. Stalley) 著

符雪茹　崔嵬 译

《政治学》卷二的相关章节中,亚里士多德论及柏拉图《王制》,学者们评论不一,总体来讲这些评论均为批评性的。

苏塞米尔(Susemihl)和希克斯(Hicks)持有典型的矛盾看法。苏塞米尔一开始就认定对《王制》的批评是《政治学》中最成功的部分,但他又重新说明"即使作者曾经确实有那个想法,他也没有能力去感受柏拉图思想的最深处"。① 博尔内曼(E. Bornemann)用否定的态度极其详细地谈论这些片段。② 博尔内曼的一些论述,反应在桑德斯(T. J. Saunders)的企鹅版《政治学》译注中(语气更温和),只是桑德斯承认,多种观点均有可能成立。③ 对这些章节的新柏拉图主义式批评可以在普罗克洛斯的作品中找到。④

---

① Cf. Susemihl and Hicks, *The Politics of Aristotle*, Books, I – V, London, 1894, pp. 32 – 33.

② Cf. E. Bornemann, "Aristoteles' Urteil uber Platons politische Theorie," in *Philologus*, 79, 1923, pp. 70 – 111, 113 – 158, 234 – 257.

③ Cf. Aristotle, *Politics*, T. J. Saunders trans., London: Penguin, 1982.

④ Cf. Kroll ed., *Proclus' Commentary on the* Republic, Leipzig, 1899 – 1901, vol. II., pp. 360 – 368.

《政治学》卷二最大的困难即在于,它并未认真地对《王制》从整体上进行讨论。亚里士多德把精力主要集中在废除家庭和废除私有财产的提议上。他几乎完全将这些提议从文本语境中抽离出来,让人误以为,这些提议适用于理想城邦中所有民人,①而非仅适用于护卫者。亚里士多德没有提到那些重要的事情,诸如护卫者们的教育及哲人应该统治这一要求。所以,他对《王制》的描述既不完整,也容易产生误导。

另外,他提出的许多异议也被认为不公正。一些异议看起来像是诡辩,而另一些又像是完全依据某个假设,即《王制》中的提议意在施行于现实人群之中,而非施行于理想人群中。博尔内曼作为目前所见对此做过最详细研究的学者,基于以上这些原因得出结论,认为亚里士多德无法理解柏拉图的思想,仅对《王制》有粗浅的了解而已。

我希望为亚里士多德辩护,反驳对他的批评,但我不会假定亚里士多德从整体上对《王制》提出了全面公正的评论。相反,我会这样辩护:批评亚里士多德的人没能理解他真正努力在讲的东西。有一种阅读方法不仅让这些章节意义通畅、饱含深意,而且能揭示出这些章节为政治哲学做出的宝贵贡献。

---

① [译按]城邦中的 citizen,现多译作"公民",但古时候生活于城邦之中享有一定权利的普通人与现代意义上的公民有所不同,试取古汉语习惯译作"民人",以示区别。

一　理想的政治共同体

　　我们的第一个问题就是"亚里士多德写这些章节的目的是什么?",答案看起来相当简单。在卷二(1.1260627–36)开篇的几个句子中,①亚里士多德告诉我们,他将考察一些城邦中真正践行的政治体制,包括那些被认为拥有好法律的城邦,以及由较早作家提出的似乎具有优点的政治体制。亚里士多德把这项考察当作即将要承担的任务的重要准备工作:这一任务是描述"最好的政治共同体形式(koinônia politikê),以让人类能够最大限度地追求理想的生活方式"。或许,亚里士多德心中已有《政治学》卷七和卷八中理想政治体制的腹稿。在描述理想政治体制之前,亚里士多德需要考察现行的和想象中的政治体制——一方面去发现这些政治体制的优点,另一方面则要表明,既然这些政治体制均不完备,那么他便有理由呈现可供选择的理想政治体制。实际上,亚里士多德的否定目标占据主导地位。在考虑到这些政治体制时,亚里士多德最关心的就是说明它们的不足。

　　上文的几句引言表明,亚里士多德的首要兴趣并非《王制》蕴含的政治哲学,而是《王制》提及的政治体制。所以,亚里士多德开场的讨论着实令人惊讶,它以极度抽象的方式挖掘政治共同体(koinônia politikê)这个短语的深层含义,而非继续描述

---

　　①　除特意标出的亚里士多德其他文献外,均指《政治学》卷二。

政治体制的优缺点。① 由于 koinônia 的字面意思是"共同",这就似乎在暗示城邦就意味着分享。在这里,亚里士多德区分了三种可能。第一,民人可能不会分享;第二,分享所有能够分享的东西;第三,仅分享某些,另一些则不。第一种可能性,很快被排除。民人必须分享一些东西,哪怕只算他们的居所。

亚里士多德接下来考虑了第二种可能——民人应该分享所有能够分享的东西。民人分享孩子、妻子和财产,亚里士多德认为,这是可能的。亚里士多德声称这就是柏拉图《王制》所描述的内容,因为苏格拉底坚持认为,②孩子、妻子和财产应该是共有的。据此,亚里士多德提出问题:究竟现行制度更好,还是《王制》里提出的制度更好(1.1260b36 – 1261a9)。首先,亚里士多德基于以下原因,反驳了妇女和儿童应共有的观点:第一,这基于一个错误的设想,即国家要尽可能地统一(2.1261a10 – b16);第二,在任何情况下,所提措施均不会促成上述目标(3.1261b16 – 1262b36)。亚里士多德随后提出了相似的论证,尽管次序相反,却依然反驳了财产应该共有的观点。

《政治学》卷二论述《王制》关注的主要问题即是:民人们的共享要到何种程度,尽管亚里士多德亦论及其余内容,涉及分级

---

① 笔者查阅的注释,似乎均未注意到方式的突然转变。桑德斯提出了 koinônia politikê 与共享之间的关系,但没有评论亚里士多德的奇怪方式,即亚里士多德继续探讨这个问题,而非直接谈论《王制》。参 Saunders, *Aristotle's Politics*, p. 101。

② 纵观这些章节,亚里士多德把矛头瞄准了"苏格拉底",也就是《王制》中的苏格拉底,而不是历史上的苏格拉底。这不是说亚里士多德想让柏拉图与亚里士多德批评的"苏格拉底"划清界线。在卷二的结论部分,亚里士多德明显把《王制》中的一些主要提议归咎于柏拉图。

体制的问题。因此,亚里士多德对《王制》或其理想制度的批评,着墨远不及对政治共同体的讨论那么多。他这方面的兴趣易于理解。由于亚里士多德在《政治学》开篇就声称城邦本质上就是共同体或合作团体,有着最高的目标,即理想的生活(1.1.1252a1 – 6),因此,他完全有理由去分析政治共同体的概念。在某个理想社会中,应尽可能分享更多的事物;此概念的采用,明显是为谈论上述主题。因为苏格拉底在《王制》中提倡这种极端的分享,所以亚里士多德自然会把讨论建立在苏格拉底论述的基础上。当然,困难之处便在于,在《王制》中,只有护卫者们才共享妻子、儿女和财产。据此或可以批评亚里士多德,他给出的柏拉图的观点,会令人彻底误解柏拉图的原意。

　　一些评论者意识到,亚里士多德的许多论述都基于《王制》卷五的一段短文。① 在461e中,苏格拉底描述了护卫者的生活方式之后(这种生活方式,当然包括家庭和私有财产的废除),开始说明这种共同体能给城邦带来最大可能的利益。苏格拉底说,不论何物,只要能让城邦拧成一股绳,成为整体,就是最好的。相反,最坏的就是让城邦四分五裂,使一个整体分裂为许多(462a – b)。能让城邦团结到一起的正是共同体,或是共同的

---

① 　参 Sumemihl – Hicks, *The Politics of Aristotle*, pp. 214ff., especially p. 219;桑德斯《亚里士多德的政治学》的笔记暗示了文段的关联,参 Saunders, *Aristotle: The Politics*, pp. 104, 107, 116;博尔内曼("Aristoteles' Urteil uber Platons politische Theorie,"p. 115)把这一短文视为亚里士多德批评的"Hauptgrundlage[总根基]",并进行了详细探讨(p. 123 – 127),但是,在笔者看来,博尔内曼认为没有考虑一种可能性,即亚里士多德真有可能想讨论 koinônia 的概念,恰如行文所示那样,而不是从整体上讨论《王制》的学说;参 Bornemann, "Aristoteles' Urteil,"pp. 104, 107, 116。

情感(又是 koinônia),而这两者的出现,正在于所有民人(尽可能地)对同一件事高兴或悲伤。其标志就是城邦里几乎所有民人用"我的"和"不是我的"指称同一事物。实际上,理想城邦酷似个体。在身体与灵魂的共同体中,当此人的某部分遭受痛苦时,整个人都感到痛苦,与此相似,如下情况便最佳,当城邦民人经历好或坏时,整个城邦也应该随之感受到快乐或痛苦。

在 462e,苏格拉底把这些概括性的要点应用到了理想城邦中,苏格拉底尤其(inter alia)认为,护卫者们会把彼此看作同一家庭的成员。这并不仅是口头上的。护卫者们会真心地把其他人看作自己的兄弟、儿子或父亲,并且相应地对待他们。因为护卫者们有很多共同点,也分享共同的情感,他们没有扰乱其他城邦的邪恶——人身攻击、暴力和其他可耻行为都来源于财产和金钱的占有。因此,护卫者们甚至会比奥林匹克冠军都更有福气。这里,苏格拉底重新提到了前面的抱怨(4.419a–421c),即护卫者们不会特别高兴。对此,苏格拉底的回答是,让这些人成为护卫者,保卫了整个城邦的幸福,而不是某一阶层的幸福。

经常引用 koinônia 及其近义词,可以说明短文的中心主题是共同体,所以,这也明显是亚里士多德论证这个话题的基础。苏格拉底坚持认为,理想状态下,民人们应该分享尽可能多的东西。这表明他们的分享越多,他们的共同体就越真实可信。同样,请注意苏格拉底的话不仅限于理想城邦内共同(Koinônia)的好处。苏格拉底首先提出一个完全概括性的论点来证明,既然团结一致是一个城邦最大的好处,那么所有的民人应该理想地分享尽可能多的东西(462a–e)。当建立起了这套概括性的理论之后,苏格拉底才将其应用到理想城邦,并论证道,在护卫者当中,妻子和儿女的共同体以及私有财产的废除会带来最大的善。

苏格拉底对分享的好处的整体论述与对理想城邦的描述之间存在明显矛盾。苏格拉底声称,对城邦而言,尽量统一是有利的,并且需要所有民人有共同感;而这感觉又需要通过废除家庭和私有财产来引导。这必然表明,在理想状态下,所有民人(不仅是护卫者和辅助人员)应该共同拥有妻子、儿女和财产。① 尽管苏格拉底把这一点掩盖了过去,但言辞之中仍暴露出这一难点。在464a中,苏格拉底讨论民人(不只护卫者),议及相同事物时用"我的"一词,从而得以分享他们的快乐或痛苦。这可能是口误,但也表明了苏格拉底的原则真正需要的东西。苏格拉底没有让家庭和财产共同体扩展至所有民人,这个失败就标志了他的方法完全前后不一致。②

这或许可以解释,在论述《王制》(2. 5. 1264a14 – 17)时,亚里士多德在末尾充满疑惑的评论,即关于妻子、儿女和财产的共同体是否会应用到第三阶层还并"不确定"。③ 这虽在《王制》的整体文本中极不确切,但联系到我们刚才思考过的文字却很

------

① 《法义》5. 739b – e 表明,妻子、儿女和财产的完全共同体化太过理想,只能在众神之中或众神的孩子之中才得实现。

② 博尔内曼把这看成简单的口头表达问题,但似乎很难解释。即使柏拉图对统一的评论仅针对护卫阶层,他给出的这些原因也都太过笼统。博尔内曼非常偏向于忽略柏拉图论述中的问题,却严厉对待亚里士多德论述中可能出现的错误。参 Bornemann, "Aristoteles' Urteil," pp. 124 – 127。

③ 希克斯甚至把这看成"极为难辞其咎的粗心";参 Susemihl - Hicks, *The Politics of Aristotle*, p. 241;博尔内曼把这看成证据,证明亚里士多德完全没能理解柏拉图,参 Bornemann, "Aristoteles' Urteil," pp. 147 – 178。

合理。毕竟,苏格拉底进行论证的原则是,所有民人都应该分享尽可能多的东西。另外,亚里士多德指出这里确实存在问题是正确的。如果处于最底层的阶层不参与共享计划,整个城邦又怎么能成为一个整体?另一方面,如果他们允许所有人参与这些规划,那么各阶层之间的差别就会消失。因此,《王制》页461及以下对共同问题(koinônia)的讨论与对理想城邦的描述就并不一致,此问题则并非表面问题。这一论述就达到了柏拉图建议的核心了。①

如果笔者理解正确,那么亚里士多德有正当理由把如下理论归于柏拉图笔下的苏格拉底,即理想状态下,共同体的成员应该尽可能多地共享——包括妻子、儿女和财产。至少,苏格拉底表明,家庭和私有财产就其本身而言不都是好的。当然,据我们的标准而言,亚里士多德的做法并不正当,一方面对《王制》断章取义,另一方面没能将对《王制》的评论与对理想政体的批评相区别。但是,我们都知道,亚里士多德并不受现代学者所守标准的约束,至少理论上如此。

一个更加充满迷惑的问题就是,为什么关于政治共同体的讨论主导着亚里士多德对《王制》的讨论,乃至于其他事情则排

---

① 一些注释注意到《王制》里的这个困难,也尝试去辩解。所以亚当(J. Adam)提出,柏拉图的目标是阻止形成城邦的各要素分裂成多份,从而使城邦形成整体;参 J. Adam, *The Republic of Plato*, Cambridge, 1920, vol. 1, p. 303;博尔内曼认为,苏格拉底承认城邦完全统一才是理想的,但在《王制》中,却由于实际原因,把理想的城邦限制在护卫阶层。对以上观点,笔者找不出任何文本依据,但以上两种情况都承认了一个事实,即5.461–466中的论证逻辑表明,这些让城邦统一的措施应该应用于各阶层。我们无法责备亚里士多德只看到此暗示的表面价值;参 Bornemann, "Aristoteles' Urteil," p. 124。

除在外。很有可能正是在这一领域,亚里士多德觉得与柏拉图的分歧最大,但同时我们也应该考虑《政治学》卷二的构成方式。该卷并不像是完成了的作品。事实上,如果它只是一些注释的合集,那么看上去不完整、不平衡,就不令人奇怪了。

二 城邦的统一

据亚里士多德说,苏格拉底最根本的错误就是,假设整个城邦在理想状态下应该尽可能统一。① 所以,亚里士多德认为,苏格拉底否定了城邦重要的多元性。他声称,城邦本质上不及家庭统一,且相应也不及个人统一。所以,让城邦统一不亚于去破坏它(2. 1261a20 – 22)。

博尔内曼最终采纳了普罗克洛斯的论证(尽管或许有误),并批评道,亚里士多德混淆了两种意义上的"统一"。② 苏格拉底说城邦要统一,也就是说城邦内部应该和谐一致。然而,亚里士多德完全只在数字层面上理解这个词,好像苏格拉底莫名地否认了城邦必须由许多截然不同的个体组成似的。当然,亚里

_____

① 或许,亚里士多德指的是《王制》5.462a – b,在这段文字中,苏格拉底明显把统一看成城邦最大的善,并且指定它为立法者在立法过程中要力求达到的目标。不过,亚里士多德也可能指的是 4.422e – 423d,这个文段确切地表明,统一应该是立法的重要目标。

② 参 Bornemann, "Aristoteles' Urteil," p. 128;另参 Saunders, *Aristotle: The Politics*, pp. 106 – 107;尽管普罗克洛斯确实批评了亚里士多德混淆两种意义上的统一,但普罗克洛斯讨论的总体方向与现代评论者大相径庭。普罗克洛斯认为城邦应该是统一体,并且赞赏柏拉图认识到了这一点。参 Proclus, *Commentary on the Republic*, pp. 362 – 363。

士多德几乎不会认为,柏拉图或其他人认为城邦可以照字面意思成为一个个体。在文本的其他地方,亚里士多德显然明白,主要目标是让民人们达成一致(3.1261b31－2)。于是,在博尔内曼看来,亚里士多德的论证就完全是诡辩。

在认定亚里士多德的论证虚妄不可信之前,我们至少应该思考是否存在另一种解释。回想《形而上学》(14.4.1091b16及以下)和《欧德谟伦理学》(1.8.218a6及以下)的文段或许有用,在这些文段中,亚里士多德批评那些柏拉图主义者,他们把善等同于"一",又把"多"看成万恶的本源。按此原理,城邦越是统一,就越好。《政治学》模糊地谈到了"一些人",他们说城邦要统一(2.1261b7),这一表达暗示《王制》并非亚里士多德的唯一目标。因此,笔者认为,应该把这一章节看成对柏拉图主义形而上学的进一步攻击,即将统一等同于善。亚里士多德认定城邦的"多"正是使城邦有价值的部分内容,这一观点并不完美。

亚里士多德十分清楚,正如我们所知,这个世界不可以清楚地分为几个截然不同的部分,并且在不同的情况下,我们会用不同的标准来决定什么才能或不能构成整体的一。① 比如说,一个人可以被看作单个的人,或看作包含许多身体部位的组合。因此,亚里士多德就不太可能得出这个粗糙的结论,即让城邦统一就是把城邦变成一个个体。如下论点亦可佐证,即亚里士多德声称个人比家庭更统一,相应地家庭又比城邦更统一(1261a20－2,b10－11),而且亚里士多德还谈及,要让城邦"结

---

① 参亚里士多德,《政治学》4.2.1003b23－1004a2;5.6及10.1－3.1052a15－1054a32。

成紧密统一体";如果亚里士多德想把人类当作原子性个体,又把家庭和城邦当作这些个体的集合,以形成个体与集合的对比,那么关于统一体的言论就讲不通了。

从那样的观点来看,家庭——即使它只有两个成员——都可以跟城邦一样多元化。这样的观点没有模棱两可的余地。同样的道理出现在卷五1263b31 – 2,亚里士多德在此处说,城邦应该像家庭一样在一些方面统一,而并非在所有方面都统一。这就表明不同的事物适合不同种类的统一。比如说,城邦就不能在与植物或动物相同的意义上达到统一。因此,为统一所作的社会安排并不必然会是一件好事。过分统一很可能毁灭组成城邦的基本特征。笔者将此观点看作这一节(4.1262b11 – 13)的隐含意义,而正是在该节中亚里士多德提到了阿里斯托芬在《会饮》中的言辞。如果两个事物通过长成有机体(*sum – phunai*)而变成一,那么其中必有其一或者两者均遭到毁灭。所以,如果城邦要在这种意义上统一,民人们将会失去他们的个性。

在《形而上学》中,亚里士多德区分了"一"与"多"的一系列不同意义(10.1.1052a15 – b1)。亚里士多德从一个观点开始,即如果某一事物能够持续它的状态,那么它就是一个统一体,也就是说,如果它的各部分以这种方式结合在一起,那么其中之一则无法离开其他部分而前进。亚里士多德随后又声称,如果一个事物有一定的形状或形式——尤其是本质如此,而非受限如此——它就是更全面意义上的统一。本身就能让自己持续的事物比用胶水或绳子强制固定在一起的事物更统一。从这个意义上说,他将 sumphuton[与生俱来的]与 sôros[一堆]进行对比,前者是拥有单一本质的事物,后者是一些东西的堆砌(《动物的生成》1.8.7223)。亚里士多德至少以两种不同的方式来采纳这个观点。一个单一存在的范例,显然是一个拥有单一本质(a phusis)的有机体,也就是运动和生长的一项内在法则(《形而上学》5.4.1014b16及以下)。另一范例则是,两个相同材料却不同品质的事物融合而成一个聚合体。水和空气能并置在一起;然而,当水和水接触,两个量就成为一个(《物理学》4.5.213a9)。笔者怀疑以上两个例子对此节的影响。

亚里士多德的观点——个人比家庭更统一,家庭本身则比城邦更统一——其核心大概正在于,个人在本质上比家庭能更为紧密地联结在一起,而家庭也比城邦能更为紧密地联结在一起。这正是我们可以从其他文本得出的亚里士多德就城邦和家庭所作的对比。尽管城邦通常比家庭拥有更多的成员,但二者的根本差异不在于数量,而在于二者所涉及的权威类型(1.1.1252a8及以下)。国王或政治家统治自由民,而一家之主统治奴隶;奴隶是一种有生命的工具,他们缺乏思考的能力,属于主人,好比部分归属于整体一样(1.4.1254a及以下,1.5.1254b及以下和1.6.1255b9及以下)。就像身体的某部分与我本人之间,或工具与其使用者之间,均没有合作关系一样,主人与奴隶之间,或父亲与未成年的儿子之间也没有真正的合作关系。① 没有合作关系,就没有空间容纳公正和友谊的形式,

---

① 《欧德谟伦理学》7.10.1242a10及以下;《大伦理学》1.33.1194b6;参 M. Nussbaum, "Shame, Separateness and Political Unity: Aristotle's Criticism of Plato," in *Essays on Aristotle's Ethics*, A. O. Rorty, Berkeley, 1980, pp. 395–435。

而正是这两者构成了民人间关系的特点。① 因此,家庭本质上就与城邦不同。我们可以说,家庭有单一的选择中心,因而就更统一——更像一个有机体。

在 2.2.1261a22 中,亚里士多德论证,城邦不应该仅由一些人组成,还必须包括不同的个体。城邦不像同盟体,同盟体的组成部分彼此相似,而形成整体的事物在类别上各不相同(2.2.1261a29 – 30)。亚里士多德参照自己的信条逐步展开这一论述,其信条即是相互平等能让城邦团结。民人们彼此之间要能相互交换物品或服务,这也就假设了不同的角色之间存在些许差异(《尼各马可伦理学》5.6.1134a24 及以下;《欧德谟伦理学》7.10.1242b33 及以下)。所以,即使是那些属于自由、平等的共同体的民人们,也必须扮演统治者和相应的被统治者角色。亚里士多德总结说:

> 所以,很显然一个城邦并不像有些人所认为的那样在本性上是一致的;他们所说的城邦的至善实际上不过是使城邦毁灭而已。(2.2.1261b7 – 9)。②

"形成整体的事物,在类别上各自不同"(2.2.1261a29 – 30),这句话体现了亚里士多德不能在数字意义与狭义上使用"一",因为他承认,城邦即使有许多不同类别的成员也能统一。

---

① 亚里士多德对政治友谊的主要讨论在《尼各马可伦理学》8.9.1159b25 及以下。另参《欧德谟伦理学》7.10.1242b22 及以下。政治友谊是建立在效用的基础之上,这就要求各部分间相互区别(《欧德谟伦理学》7.2.1235b 34)。

② [译按]参苗力田编,《亚里士多德全集》,卷9,北京:中国人民大学出版社,1990,页33。文中所引亚里士多德原文,均转引自此,不再一一说明。

难点在于如何理解这一点会形成对《王制》中的政治提议的反驳,因为这些政治提议建立在一个前提下,即民人们应该根据天分分配以不同的角色。博尔内曼认为,①这个文段应该解释为离题论述,或是对《王制》5. 462b – e 论点的批评,此论点即:在理想状态下,民人们应该享有同样的情感和追求。或许,还有一些理由可以同时证明以上两点。亚里士多德的语言表现了他的论证首先不是针对《王制》,而是针对所有那些思想者们,他们认为城邦的统一要求民人们相似。另一方面,亚里士多德可能认为,《王制》中的苏格拉底也认同此观点,因为他声称所有民人分享同样情感的时候,城邦就会统一。

亚里士多德有足够的理由来反对这样的观点。因为,在亚里士多德看来,让城邦团结一心的友爱(philia,《尼各马可伦理学》8. 1. 1155a22 – 3)有赖于民人的不同个性,乃至于他们能形成相互间的交换关系。因此,亚里士多德就不得不反对任何对统一理想的理解,这种理解要求民人们的特征和个性彼此相同,从而抑制或阻碍民人之间形成交换关系。

对那些过分追求城邦统一的人,亚里士多德的最后论证所依据的是自给自足的观点(2. 2. 1261b10 – 15)。家庭比个人更自给自足;城邦比家庭更自给自足。事实上,城邦的形成,恰在于民众的共同体(koinônia to plethous 或多元化的共同体,2. 2. 1261b13)能自给自足之时。因此,如果想要追求更能自给自足的事物,就应该追求更大的多元化。

这里,我们自然要假设亚里士多德是在数字的层面上进行解释。城邦必须包含一定数量的民人才能自给自足。但是,这

---

①   Cf. Bornemann, "Aristoteles' Urteil," pp. 119 – 120.

当然与城邦应该统一的想法不相干,因为认为城邦只包含一个人的讲法太荒谬。如果这样解释的话,那么亚里士多德不是糊涂了,就是不诚实。但是存在其他可能的解读吗?

笔者刚刚译为"民众"的这个词 plêthos,就像在这里一样,通常与"一"形成对立。亚里士多德本人定义这个对立也是就多样性而言,而不是就数量而言(参 10.3.1054a20 及以下)。大众是多样性的,而整体则是非多样性的。我们同样应该注意到,当前的文段提及《政治学》1.2,这段文字阐述了亚里士多德关于城邦的看法,即城邦为自给自足的共同体或组织,其中包括像家庭和村庄这样较小的组织。自给自足是指经济方面——我们彼此之间需要交换商品——但这种自给自足似乎在村庄的规模上即得到了满足。城邦的存在,是为了好生活。这需要所有成员共享法律和正义的概念,以进入更加复杂的、非经济的关系之中。

根据上述理由,笔者推测,亚里士多德认为,城邦如果要自给自足,就必定多元化,这不只是简单地意味着城邦要包含一些人,而且意味着这些人必须互不相同。成员截然不同,彼此之间才能发展出不同的关系,以让生活充满意义。那些"过分要求城邦统一"的人(即那些会毁掉个别民人特性的人)忽略了这一点。正是城邦的多元化让城邦有价值。

后续文段(2.5.1263b30 及以下)对这一解释给出了强有力的证明,在这些文段中,亚里士多德讨论完财产共同体之后,回到了把统一作为立法目标的理念。亚里士多德论证道,城邦像家庭一样,必须要在一些方面统一,但不是在所有方面。城邦太过统一,就会像和声被齐唱所取代而毁掉一样,或像韵文只有一个音步的韵律。城邦是多元化的,它应该通过教育形成一个共同体。很显然,亚里士多德并不反对尝试用上述方式统一城邦,只会反对尝试用错误的方式统一城邦。城邦就像音乐或诗歌:它的美有赖于整个统一作品中多样性的存在。正确形式的统一能通过教育和其他形式的立法取得,就像克里特人(Cretans)和斯巴达人(Spartans)的共餐制一样。但《王制》中苏格拉底提出消除城邦中所有差异的举措可能会毁灭城邦。①

笔者不会认为亚里士多德对统一性的论证易于理解。主要问题在于,亚里士多德对其所攻击的问题缺少清晰的交代。亚里士多德的视野似乎放在持如下观点之人的身上,即他们认为城邦应以淡化或否定个别民人的个性方式加以统一。他们如果从整体上考虑亚里士多德的伦理观念,这就在意料之中了。人性的善体现在端正的品行上(《尼各马可伦理学》1.7.1098a16 – 17)。行为是选择的结果,而选择必定基于此人对善的理解。②在《王制》中,柏拉图表明大部分民人缺少做出这些选择的推理

---

① Cf. W. L. Newman, *The Politics of Aristotle*, Oxford, 1887 – 1892, vol. II, p. 230.

② 参《尼各马可伦理学》2.6.1106b36;3.2.1111b26 – 9;3.4. 1113a22 – 4。这些章节暗示了好的生活需要民人做出选择,并且这些选择要导向民人认为好的东西。至于亚里士多德是否认为每个人都应该对善有整体上的概念,这存在争论。参《尼各马可伦理学》1.2.1094a18 – 22;W. F. R. Hardie, *Aristotle's Ethical Theory*, Oxford, 1968, ch. 2; J. Ackrill, "Aristotle on Eudaimonia," in Rorty, *Essays on Aristotle's Ethics*, pp. 15 – 34。笔者认为《欧德谟伦理学》1.1.1214b7 – 11表明,理智的人对善应该形成了合乎逻辑的整体概念。类似这样的观点似乎暗含在《政治学》的理想城邦所采纳的观点中,理想的城邦是为了实现善的组织(1.1.1252a)。

能力。民人依赖于护卫者的理智。因此,整个对话可能被认为淡化或否定了个人选择的重要性。① 柏拉图这类想法已经清楚见于卷五462及以下的文字中,上文亦有引用,文中苏格拉底认为,城邦最大的善在于统一,且苏格拉底还强调,当所有民人都宛如一人,且共享情感与态度之时,城邦的统一就会实现。这里明显暗示着民人之间的差异应被削弱。亚里士多德有十足的理由反对这个观点;他认为,组成城邦的共同体之所以有价值,正是因为这个共同体由不同个体所组成。

三　妇女共同体与儿女共同体

从3.1261b16到4.1262b36,亚里士多德都在论证,《王制》中设想的共同体事实上不仅不能促使城邦统一,而且会引起其他的实际困难。亚里士多德认为,苏格拉底的如下声明中存在模糊点,即所有民人用"我的"和"不是我的"指称同一件事时,城邦会获得统一;亚里士多德据此出发开始论证,他认为问题在于,似乎在大多数情况下,有人声称一个物品是"我的",这意味着这件物品只属于他,而不属于其他人。我们可以说,这个词有排除其他人的意思。但要是每个人都声称同一件物品是"我的",他们就是在集体层面上使用这个词,所以"我的"意味着并非"只属于我",而是"属于我和其他许多人"。这个词的意义并非不值一提。亚里士多德相信,我们对仅属于自己的东西的态

---

① 这一点已经清楚见于9.590c,参 Nussbaum, "Shame, Separateness and Political Unity," pp. 407-410。

度和情感,不同于对和别人共有的东西的态度和情感。因此,共同体的成员指称同一件物品为"我的",这并不能显示出民人之间任何特别的统一。

亚里士多德的其他论证也强调了这一点。亚里士多德声称(3.1261b33 - 1262a14)人们对共有事物的关注不及对私有事物多。所以,如果一个民人有一千个儿子,每个儿子对他和其他民人而言都是平等的,那么这个民人就不会特别关注任何一个儿子。亚里士多德声称,现行制度更好,即某人是一个人的儿子、另一个人的兄弟以及另外其他人的侄子。共同体中的其他人会将其视为亲戚或同族人。与其在《王制》中成为一个"儿子",不如在现有制度中成为别人的侄子。事实上,苏格拉底的提议会产生与那些预想目标相反的效果。这些提议会削弱民人之间的友谊,并导致不和谐。这些提议更适合受束缚的阶层而不是统治者。友爱(philia)也不仅能防止革命的发生,而且就像苏格拉底充分认识到的那样,亦能促进统一。《王制》中的提议则可能会削弱这种情感,仅产生"苍白无力"的友情。在这样的共同体中,人们便会没有动力作为一个儿子或一位父亲去关心别人,因为缺少了让人们彼此关心的动力,即对某事物的属己感,及其带来的相应快乐。

亚里士多德还对家庭的废除提出了一系列更实际的问题。人们势必认为,具有相似点的个体之间会联系紧密(3.1262a14 - 24)。冒犯父母的危险,与乱伦关系一样,有存在的可能(4.1262a25 - 40)。考虑到这个事实,即一些个人会从一个阶层转到另一个阶层,那上述问题会更严重(4.1262b29 - 35)。

亚里士多德的论证作为对乌托邦大同主义的终极驳斥而

得到赞扬,但也有不少人对其论证加以批评。① 这些诋毁者最根本的抱怨是,亚里士多德用绝对的经验主义来反对柏拉图的理想主义。批评者说,点明如下情况并未切中要害,即就人现在的状况而言,若是废除了家庭,并不会使人们彼此之间更加适应;毕竟,此时的民人并不拥有柏拉图的护卫者那样的教育和环境。

某些人会在这一点上为亚里士多德辩护:至少《王制》卷五461 –466 没有表明废除家庭的好处有赖于其他条件的满足;这段文字只是暗示,废除家庭本身能让民人有整体感(feel as one),因而能促进统一。但若阅读本文段之时结合对友爱的讨论——它可在《伦理学》的两个版本中找到——则会出现另一个更为基础性的问题。正如亚里士多德所认为的那样,友爱是美好生活的重要元素,不仅因为拥有朋友有益,而且因为友爱是我们某些最大满足的源泉。② 一个人的朋友甚至可以称作"另一个自己"(《尼各马可伦理学》9.9.1170b6 – 7;《欧德谟伦理学》7.12.1245a30 –31)。友爱也有政治方面的意义。友爱不仅让城邦团结一心,而且是城邦存在的主要原因。城邦的形成是为了实现美好的生活,像我们认为的那样,要实现美好的生活需要依靠民人之间的关系。这包括"与父母、儿女及妻子的关系,总的来说,即与朋友和其他公民之间的关系"(《尼各马可伦理学》1.7.1097b8 –11)。因此,城邦的价值在于提供发展

---

① Contrast Susemihl – Hicks, *The Politics of Aristotle*, pp. 31 – 32; Bornemann, "Aristoteles' Urteil," pp. 132 – 141.

② 《尼各马可伦理学》卷8,1.1155a1 – 9;卷9,9.1169b3 – 1170b19;《欧德谟伦理学》卷7,12.1244b1 – 1245b19。

友爱的环境。

当然,柏拉图会承认友爱的重要性——这事实上是废除家庭的全部目的——但是,至少在《王制》中,柏拉图在两个基本方面与亚里士多德有分歧。第一,柏拉图把友爱当作一种捍卫城邦的方式,而不是把城邦当作一种护卫友爱的方式。第二,柏拉图并不重视这个事实,即由于友爱本质上是民人间的关系,那么对个体民人朋友的数量有必要加以限制。与之相比,亚里士多德则明显认识到了这一点。亚里士多德以为,在最真正意义上的友爱中(为了实现善的友爱),一个人不可能有许多朋友。原因是我们需要花时间陪伴朋友,需要对朋友有很深的情感,还需要很在意朋友。一个人不可能与许多人处于这样的状态中。① 这个不可能性也不能因教育或社会变革而改变。作为一个有限的个体,我们只能陪伴和参与到有限数量的伙伴中去。相应地,我们只有在次等意义上才能与许多人成为朋友。② 由于以上原因,亚里士多德不仅重视家庭,而且重视城邦中其他形式的社会组织。这不是削弱了整个城邦的统一,而是捍卫了

---

① 参《尼各马可伦理学》卷 8,6. 1158a10;《欧德谟伦理学》卷 7,12. 1245b19;另参《尼各马可伦理学》卷 8,3. 1156b25 及以下;卷 9,10. 1170b20 及以下;《欧德谟伦理学》卷 7,2. 126a14 – 15,1237a30 – 2,b35,1238a9。

② 笔者认为这是桑德斯做法的弱点,他指出基督教徒(及其他人)支持一种理想,即所有人都应该把彼此当成兄弟,并以此来为柏拉图辩护。总体上,基督教徒们没有用这些来要求废除家庭或其他社会组织(如果有,那么他们就会持有对立的想法)。因此,基督教徒们认识到我们都是一家人的想法,并不能依照字面意思去理解。参 Saunders, *Aristotle: The Politics*, pp. 106 – 107。

它——这一点柏拉图本人在《法义》中也赞同。①

四　财产共同体

关于亚里士多德废除家庭的建议，已有诸多论述，大多亦可同样用于 5. 1262b37 – 1263b29 有关废除私有财产的评论上，不过论述的顺序相反。亚里士多德首先提出，财产共同体可能不会促进统一，甚至还会有弊端，不过也是在此，亚里士多德认为苏格拉底的考虑不当，后者强调了统一为立法目的。

本文段的第一部分(5. 1262b37 – 1262a39)讨论了财产所有权和可耕地的利用问题。亚里士多德区分了三种可能:第一，财产所有权和可耕地的利用均为共有;第二，财产所有权共有，但劳动成果会进行分配，由个人支配;或第三，财产所有权是私有的，但劳动成果集中起来共有。亚里士多德论证道，如果财产持有者自己耕种，那么共有财产所有权会带来特殊问题，因为多劳少得和少劳多得的人之间会出现争端。亚里士多德认识到，事实上，如果不是由那些分享财产所有权的人来耕种土地的话，这类问题就不会出现。亚里士多德本人更偏向用好的风俗和法规来修正现有制度(也就是说，一个有私有财产的制度)。如果财产是私有的，争端就会更少，人们也会更精心地利用。但是，他们应该让朋友们来支配财产，并把它当作共有财产来利用。亚里士多德认为这正是发生在斯巴达的事情。

---

①　Cf. R. F. Stalley, *Introduction to Plato' Laws*, Oxford, 1983, pp. 103 – 104.

这一论证得出的大多数结论都与《王制》无任何直接联系。在苏格拉底的理想城邦中,护卫者们和辅助人员都不拥有土地,而第三阶层的人似乎拥有他们自己的农场,他们用所得的收益交纳贡赋以支持护卫者和辅助人员。因此,不能说《王制》提倡与亚里士多德在这一文段中所理解的相同的共同所有权。事实上,本文段几乎与《王制》毫无关联,以至于似乎亚里士多德写成此段时,心中全无《王制》的内容。我们很难摆脱这样一种印象,即一段原本要对土地所有权做概括讨论的文段被合入对《王制》的批评中,并且全然不顾《王制》与此的相关性。①

后续文段(5.1263a40 – b29)包括对私有财产可欲性的论证,这些论证可应用到《王制》中,尽管没有直接提到对话中的任何特殊提议。② 亚里士多德论证道,我们天生就这样,在想到某些事物属于我们时,我们就会感到欣喜若狂。爱自己是我

---

① 一些评论者注意到,本文段看上去似与《王制》无关;参 Bornemann, "Aristoteles' Urteil," p. 142。同样明显的是,开篇几句(5.1262b37 – 9)表明,亚里士多德着手进行纯笼统性的讨论,涉及理想城邦财产的所有权问题。关于《政治学》这部分的构成方式,参上述第一部分的最后一段。第5章尤与其他章节脱节。

② 在5.1263b7 – 8 中,亚里士多德提到"那些过分追求城邦统一的人";在1263b15 中,亚里士多德谈到"这种法规"。这些提示表明除了《王制》外,亚里士多德还有其他目的。在5.1263b18 – 22 中,亚里士多德描述了诸多坏品行,如果财产共有的话,亚里士多德声称此举措就能阻止坏品行。此处内容或涉及《王制》5.464c – 465d,但是亚里士多德提到的坏品行与柏拉图式的苏格拉底描述的坏品行相差甚远,以至于无法确定。在5.1263b29 中,对苏格拉底"错误"(parakrousis)的解释似乎指的是前面文段中已讨论到的内容,但亚里士多德却没有明确说明这些内容。因此,亚里士多德的论证似乎不是针对《王制》,而是针对一个总的想法,即共有财产是好的。

们的本性,因此我们不能让自己落空。但是,这要与自私区分开来,自私是过分爱自己的表现。因此,亚里士多德表明,我们不仅事实上爱自己,而且除非对自己的爱加以限制,否则就不能健康发展。我们在给予朋友、客人、伙伴肯定和帮助时,也会产生巨大的满足感。如果没有私有财产,所有这些就不可能。

另外,亚里士多德论证"那些过分追求城邦统一的人"必然会毁灭两种德性——在女人方面的自制与本人的慷慨大方。总而言之,"这种法规"(假设亚里士多德本意是法规的制定,是为产生财产共同体)看上去吸引人是因为它自称要在共同体的所有民人之间建立很好的友谊。这种吸引力会更大,若是有人攻击当前社会的黑暗的话,比如有关合同的上诉、作伪证的案例、腐败等等;但亚里士多德否认导致这些坏品行的根源是私有财产。亚里士多德认为共有所有权会引起更多纠纷。更重要的是记住:这样一个体系会将我们身上的好东西与坏东西一道夺走。

亚里士多德反对所有权共有的依据部分依赖经验。亚里士多德认为,居住在一起并与人共享,总的来说很难。这体现在如下两点,在旅途中的人们容易由小事引发争端,以及人们在日常生活中容易对频繁接触的仆人大发雷霆(1263a17 – 21)。但这不是亚里士多德使用的唯一论证。亚里士多德表明,爱自己与因占有财产而高兴是人本性的一部分。所以,除非对这些倾向加以限制,不然,我们便不能健康地生活。友谊的良好发展也需要私有财产,因为有了私有财产,我们才能帮助朋友。在《伦理学》中,亚里士多德论证道,施予者有作为施予者特有的快乐,并且他们喜欢他们帮助过的人就如同我们喜欢自己创造出的东西一样(《尼各马可伦理学》9 7. 1167b 及以下,《欧德谟伦理学》7. 8. 1241a35 及以下)。事实上,在帮助朋友的过程中,我们提升了我们的品格。这有助于我们去理解亚里士多德的抱怨,即那些主张废除私有财产的人也因此废除了慷慨的德性。

博尔内曼(认同 Schlosser 的看法)声称,一个人可以在自愿放弃财产的表现上和利用财产的过程中都可以表现出他的乐善好施。① 即便我们把这个问题放置一边,即一个柏拉图式的护卫者是否会自愿放弃财产,这也还是错过了要点。对亚里士多德而言,友谊的积极发展是人类福祉的一部分。因此,为了给予朋友们好处,我们需要私有财产。尽管柏拉图和亚里士多德不止一次引用过"拥有朋友是共同的财产"这句格言,但他们对这句话的理解却是相反的。② 柏拉图似乎认为共有财产能让所有的人成为朋友,所以希望废除私有财产。亚里士多德的观点是友谊部分是靠赠予朋友物品获得的。因此,私有财产是获取友谊的前提条件,而不是障碍。

亚里士多德关于女人问题的审慎评论似乎至少在表面上更难辩护。由于柏拉图希望他的护卫者有高度自制力,因此,本文段不仅作为一篇讨论财产的文段看上去奇怪,而且假设它确实针对柏拉图也没有正中要害。但是,有一种方法让我们可以很好地理解这段评论。亚里士多德在此论证道,我们从帮助朋友、客人和伙伴的过程中得到了满足感,在这个背景下,

---

① 参 Bornemann,"Aristoteles' Urteil,"pp. 143 – 144;该文曾引施洛瑟的相关文字:参 J. G. Schlosser,*Aristotles Politik*,Leipzig,1789,p. 109。

② 参《王制》4. 424a;《法义》5. 739b;《尼各马可伦理学》8. 9. 159b31,9. 8. 1168b7 – 8。

亚里士多德强调了慷慨的价值和关于女人问题的自制,因为亚里士多德说,"基于审慎而不碰女人是件好事,因为她属于别人"(5. 1263b10 – 11)。这里属于别人是重要的一点。亚里士多德认为,防止与女人通奸体现的是对她丈夫的尊重。用我们的思维,这听上去奇怪,但这强调了亚里士多德的总体观点,即自我意识是重要的,而且友谊需要他人承认这个意义上的自我。反过来,这要求我们对实践自我限定范围,而这种自我又是婚姻和财产所赋予的。

五　幸福与共同体

在5. 1264a1 及其上下文中,亚里士多德论证的中心变得含混不清。亚里士多德首先肯定,考虑到人类历史源远流长,如果这些制度真的好的话,《王制》的制度应该早就闻名于世了(1264a1 及以下)。他接着声称,如果试图介绍柏拉图式城邦,那么此城邦就不得不被分为共同群体、兄弟会和部落,而唯一颁布的法规即是护卫者应免于农耕。接着,亚里士多德用一定的篇幅论证道,由于苏格拉底没有充分地讨论农民阶层,他的城邦的劳作问题还没有交代清楚。同一阶层的人同时处于统治地位也很危险。这些论证与共同体的概念几乎没有联系,即便有一点儿的话,也微乎其微。即便在这之前,共同体的概念主导了亚里士多德的讨论。到目前为止,所有讨论仅有的共同主题就是柏拉图没有想过其提议的实践含义。

亚里士多德最后的论证在许多方面都更有趣。在5. 1264b16 中,亚里士多德指控苏格拉底剥夺了护卫者的幸福,却坚持了城邦作为整体的幸福。亚里士多德认为这是荒谬的，因为只有城邦的每一阶层的人都幸福，城邦才会幸福。幸福的特征与偶数的性质不同——除非它属于整体的各个部分，否则它就不能属于整体。

假设亚里士多德在此指的是《王制》4.419a–421c，在这段文字中，苏格拉底考虑了他没有让护卫者特别幸福的反对意见；但亚里士多德也可能想的是5.465e–466a，在这段文字中苏格拉底想起了更早前的论述。不管哪一处，亚里士多德似乎都错误地解读了《王制》。苏格拉底对别人反对的回应是，他寻求整个城邦的幸福，而不是某个阶层的幸福。苏格拉底没有说即使城邦的大部分人不幸福，城邦也能幸福，或城邦的幸福与它的成员毫无关联。①

不管怎样，亚里士多德的错误解读尚可理解。苏格拉底关注的主要是保证城邦的力量和凝聚力。由于一个强大、和平的城邦不必要有幸福的民人，这似乎就像是他将城邦的幸福与民人的幸福分开了。苏格拉底用来说明论证的比喻让原文更加令

---

① 亚里士多德的观点，或者类似的评论，已经被许多评论《王制》的学者接受了。如参 G. Grote, *Plato and the Other Companion of Socrates*, London, 1888, vol. 4, p. 139。令人惊讶的是，波普尔（Karl Popper）没有谈论 4.419a–421c，虽然他似乎赞同这个观点，即柏拉图把城邦的幸福看得比民人的幸福重要：参 *The Open Society and its Enemies*, fifth edition, London, 1966, pp. 76, 79, 169。这个观点受到了弗拉斯托斯的强烈打击，参 "The Theory of Social Justice in the Polis in Plato's *Republic*," in *Interpretations of Plato*, ed. H. North, Leiden, 1977, pp. 1–40 (especially pp. 15–19)；另参 J. Neu, "Plato's Analogy of State and Individual," *Philosophy*, 46 (1971), pp. 238–254; C. C. W. Taylor, "Plato's Totalitarianism," *Polis*, 2, 1986, pp. 4–29, especially pp. 15–16。

人困惑。苏格拉底声称,在给雕塑上色时,我们不必把最漂亮的颜色(紫色)涂在最漂亮的部位(眼睛)。他的意思是,不必要给护卫者一种会妨碍其工作的幸福,就像我们不要给眼睛加上不属于眼睛的颜色。但是由于一个漂亮的雕塑不需要它的每部分都很漂亮,这个比喻也能表明一个幸福的城邦不需要每个人都幸福。

如果我最后一段的论证都正确,那么亚里士多德和柏拉图应该都同意这样一个观点,即如果且仅当民人都幸福时,一个城邦才幸福。但是,他们会把这句话理解为截然不同的意思。亚里士多德认为,一个城邦就是一种合作关系,它的目标就是好的生活,也就是充满德性的生活。因此,从《政治学》卷七的开篇章节中明显可以看出,亚里士多德的理想城邦可以为这类活动限定范围。活动涉及选择,所以民人必须能自己做决定。那么似乎可以说明,这就需要私有财产以及个体民人之间的相互关系。当然,柏拉图也相信要获得幸福需要德性,但是他强调要充满德性——即有和谐的灵魂——而不是有德性地行动。① 另外,他太轻易地假设这种意义上的德性与城邦的善所需要的品质相同,即为了让城邦和平、安全地生存。② 他的理论因此缺少

---

① 尤参 4. 443c - 444a,9. 586 - 591d。在这些篇章中,柏拉图把正义描绘成与内在的自我相关联,而不是与外在的行为相关。他认为正义的举动能安抚人的心灵。

② 笔者认为,这在《王制》519e - 520a 中最明显,文段中苏格拉底似乎假设了城邦的团结能让整个城邦幸福。同样的倾向在《法义》中也相当明显。参 Stalley, *An Introduction to Plato's Laws*, pp. 37 - 40。

了亚里士多德强调的个人行为。①

两个哲学家对人类的善的构想不同,预示着他们对政治共同体的描述不同。亚里士多德和《王制》中的柏拉图都同意,除非民人共有一些事物,否则城邦就不可能存在。由于柏拉图没有把重点放在个人活动上,他可以接受这样的观点,即理想状态下,所有事物都应该共有。亚里士多德的立场则很不一样。我们需要城邦不仅因为它能提供生存的方式,而且因为我们与别人的关系是善之生活的根本。这是正义和友谊的观念在《伦理学》中这么重要的原因。因为我们的幸福有赖于我们与其他人的关系,我们是政治的动物,也就是说,我们需要生活于共同体中。这意味着我们要共享法律与德性的概念,要参与到共同的政治机构之中。这些需要公共财产。但如果私有财产全部废除,家庭和其他更小的社会组织也废除,那么,给以城邦存在理由的活动也要废除。通过这种方式,亚里士多德对善之生活的构想主导了他对"政治共同体"的描述。

亚里士多德的经验性或实践性哲学与柏拉图的理想主义加以对比,无论是在过去还是现在均属司空见惯。博尔内曼谈论了这么多,就是为了说明柏拉图的思想与亚里士多德式的伦理之间存在鸿沟,前者是通往天堂的理想主义,后者却执着地贴近生活。② 这种常见的比较从未让亚里士多德与柏拉图的思维方

---

① 纳斯鲍姆争辩道,对个体民人的不同态度,是柏拉图与亚里士多德政治哲学的基础,反过来则是基于人性及其需求的深层差异之上。参Nussbaum, "Shame, Separateness and Political Unity," pp. 422 – 423;另参Newman, *The Politics of Aristotle*, p. 263。

② Cf. "Aristoteles' Urteil," p. 143.

式。① 不用过分渲染这一点,我们也可以猜到,亚里士多德在政治理论的经验和实践方面比柏拉图更感兴趣。至少从表面上看,在《政治学》卷二中,亚里士多德吸取了不同城邦的经验与早期思想者的理论来找出最适用于自己理想城邦的想法。在执行这项计划时,亚里士多德主要的顾虑在于创建的机构是否会发挥作用。因此,如同我们看到的,亚里士多德对《王制》的评价有时本质上很实际。对这些问题,笔者谈论得非常少,尽管笔者发现亚里士多德的大部分实践论证切实可信。当然,真正的问题在于这类评论是否适合。不管柏拉图写《王制》的真正目的是什么,《王制》都不能被看作是在短期内即可实践的一系列提议。因此,把《王制》当作政治体制制作者的教材就肯定错了。

笔者认为,这个论证是正确的;但是它并不能说明亚里士多德对《王制》的讨论无意义或未切中要害。尽管亚里士多德的部分驳斥完全依赖经验或都从实践出发,但他主要的论证却更加抽象,属于理论层面。亚里士多德把《政治学》卷二中讨论《王制》的部分作为借口来讨论以下提议,即在理想的政治共同体中,所有可能的事物都要共有。为了反驳这个观点,亚里士多德确实依赖经验,但亚里士多德并非简单声明,过去没有尝试过或没有用过的体制在将来也没有用。经验可贵,因为它引导人了解人的本性;反过来,对人的本性的解读让我们明白什么是真正善的生活。亚里士多德在《王制》中发现的反对理想政治共同体最基本的理由是:这与本性背道而驰。因此,即使《王制》中理想的政治共同体能在理想条件下实现,也会挫败民人的福祉,而不是对其加以促进。

---

① Cf. "Aristoteles' Urteil,"p. 158.

霍布斯论亚里士多德的《政治学》①

莱尔德(J. Laird) 著

周亚 崔崮 译

霍布斯在《利维坦》第二十一章(卷3,202及以下)中写道:

在我们西方世界中,人们关于国家的制度与权利的意见自来就是从亚里士多德、西塞罗和其他一些人那里接受过来的。这些希腊人和罗马人生活在民主的国家中,这些人的权利观念并非源于自然原理,而是按照他们自己所生活的民主国家的实际情况写进作品中的。其情形正好像文法学家根据当时的实践描述语言法则,或根据荷马与维吉尔的诗篇记述诗的法则一样(章21,167)。人们由于读了这些希腊和拉丁著作家的书,所以从小就在自由的虚伪外表下养成了一种习惯,赞成暴乱,赞成肆无忌惮地控制主权者的行为,然后又在控制这些控制者,结果弄得血流成河,所以我认为可以老实地说一句:任何东西所付出的代价都不像我们西方世界学习希腊和拉丁

---

① Cf. J. Laird, "Hobbes on Aristotle's 'Politics'," in *Proceedings of the Aristotelian Society*, New Series, Vol. 43(1942 – 1943), pp. 1 – 20.

文著述所付出的代价那样大。①

霍布斯的表达十分直接,彻底告别了古典哲学,至少在政治理论问题上如此。在《利维坦》倒数第二章,霍布斯攻击学院派(Universities)的"无用哲学",其抨击主要针对学术研究主要分支里的"亚里士多德特征"(Aristotelity)。霍布斯断言:"由于亚里士多德的权威仅在那里盛行,所以其研究并不就是哲学,而哲学的本质也并不取决于作者。"(卷3,670)他继续说道:

> 我相信自然哲学中最荒谬的话莫过于现在所谓的亚里士多德的形而上学,他在《政治学》中所讲的那一套正是跟政治最不能相容的东西,而他大部分的《伦理学》则是最愚蠢不过的说法。(《利维坦》,前揭,页542)

确实,当《利维坦》于1651年问世时,霍布斯用自己的方式与其说是在鞭策死马(尽管他确有此行为),不如说正是将腐烂的动物尸体清扫干净。霍布斯以新后伽利略时代的名义发起了猛烈攻击,不过这部分内容无须过多讲解。"亚里士多德特征"尤其是在物理学上已经占统治地位很久,却仍不想退位,此特征影响巨大,或可在将来正统主义者中引起许多麻烦。简而言之,"亚里士多德特征"并不如霍布斯所想的那样过时。

然而,霍布斯也有他的局限性。在《贝希摩斯》中(Behemoth),他确实说过"亚里士多德和其他希腊人的胡言乱语的哲

---

① 下文引用随文标注莫尔斯沃斯(Molesworth)书中的卷数与页码:即《霍布斯的英文作品》(Hobbes's English Works)。[译按]:译文参霍布斯,《利维坦》,黎思复、黎廷弼译,杨昌裕校,北京:商务印书馆,1986,页167。此译本未有注明原文页码,查找极为不便,部分引文据英文直译。

学"这句话。① 然而,总体而言,他满意地认为,亚里士多德也仅
是凡人而已。因此,在写于 1666 年的《一位哲学家与英格兰普
通法学者的对话》中,他说:

> 正如大家所知,所有的人都会犯错。因此,如果那些明
> 智且聪慧的对真理进行探索的人犯了错误,一点也不足
> 为奇。

这段话涉及柏拉图、芝诺、伊壁鸠鲁和亚里士多德(卷 6,页
99)。霍布斯在九十岁时所写的《生理学的十个问题》中非常潇
洒地说:

> 仅有很少的人会因为惊异而研究它(哲学),也或者是
> 为了在掌握科学时的常见的快乐,以及掌握难解而微妙的
> 学说时收获的快乐。我认为亚里士多德,还有其他一些古
> 代的和少数现代人属于后者。因此,对哲学的赞美实际上
> 属于这些人。

现在这篇文章是为了思考霍布斯对亚里士多德《政治学》
的态度,而不是他对"亚里士多德理论"的总体看法。据霍布斯
在拉丁语的《自述》(*Vito*)中所写,从 1608 年他离开牛津大学,
到 1628 年,他依次出版了修昔底德作品译本,他的主要的兴趣
正在于古典与人文主义方面,以向他的同胞们展示民主制中的
愚蠢(尽管可以补充说,他讲得委婉)。二十年后霍布斯成为斯

---

① ［译按］卷 6,页 282,中译本参霍布斯,《贝希摩斯》,李石译,北
京:北京大学出版社,2019;《比希莫特:英国内战起因及阴谋和奸计史》,
王军伟译,北京:商务印书馆,2022。

图亚特（Charles Stuart）家族的数学教师，在这些年也是卡文迪许家族德文郡分支的教师（Cavendish，Devonshire，主要是教授古典文献）。

霍布斯对新世界哲学认真探索始于 1629 年对欧几里得的《几何原本》（Euclid's *Elements*）的介绍。他对哲学的热情这把火一经点燃就迅速、持久而猛烈地燃烧起来，而卡文迪许家族在所有新科学、政治理论以及文学艺术方面的强烈兴趣，保护并助长了他的兴趣之火。现称为《小论文》（*Little Treatise*）的手稿表明，到了 1637 年，霍布斯已经深入地发展出一种总体的运动理论，但直到 1655 年，《论物体》（*De Corpore*）问世，才详细阐明了其总体哲学体系的物质基础。这项伟大的工作一直都很棘手。比较而言，霍布斯政治学说创立则较早。《法律原理》的手稿于 1640 年就已广为传阅，①《论公民》第一版小册子于 1642 年在巴黎出版，而《利维坦》（正如我们所见）于 1651 年在伦敦出版。因此，《论物体》《论人》和《论公民》三部曲的最后一部分最先公开出版。

据霍布斯所说，内战"催熟并采摘"（2.20）了他哲学的第三部分，远在此部分自然成型之前，（他说）此事之所以可能（同上），正在于"经历"提供了一个人在政治理论方面所需的全部知识。然而，事实上，他从未从物理学中派生出任何相关的心理学理论，也很少尝试这样做。因此，霍布斯的政治理论很大程度上与他的世界哲学相分离，且古典人文主义本会成为他的源泉。

因此，施特劳斯最近所出的《霍布斯的政治哲学》一书极为

---

① 刊印于莫尔斯沃斯（Molesworth 4）书中，为卷 4，分为两篇独立论文，即 *Human Nature* 和 *De Corpore Politico*。

有趣,亦颇富教益,书中有不少介绍,意图阐明如下论述,即霍布斯政治理论起源于古典作品而非新的世界观,因为施特劳斯在文本关联之中筛选修昔底德的影响,还详细地列举了霍布斯所采纳的亚里士多德《修辞术》的内容。施特劳斯还提出了充分理由支持如下观点,即霍布斯的反亚里士多德主义愈发变得强硬。然而,自霍布斯德第一部政治学作品《法律要义》(*The Elements of Law*)于《小论文》完成后三年才传播开来,当时他已对欧几里得颇为熟悉,且已改变了自己的思想方式达十二年之久,那么显而易见,基于霍布斯的早期人文主义所作的推测并不可靠。

即使霍布斯的政治理论主要源起于古典文本,也不能如施特劳斯在其书(原文第 79 页)中轻率描述的那样就认为他的观点是"对亚里士多德主义的改进"。① 从理论的体系结构上看,霍布斯更接近廊下派(the Stoics,"权利"与"自然法则")。从主旨上看(利己主义者的协定),霍布斯又更接近伊壁鸠鲁,或智术师吕柯弗隆(Lycophron),亚里士多德责难此二人(《政治学》3.9),因其认定城邦仅是一个联盟,一个相互保障的社会,不用关注促进善或正义。霍布斯可能带着中世纪的眼光阅读亚里士多德的作品。霍布斯当然是用后亚里士多德主义的术语来解读亚里士多德,正如他的《修辞术》"概要"所展示的那样,从绪论到第十五章就是很好的例子。但他不会忽略这些重大差异。

更重要的是,笔者认为,关键在于即使霍布斯大量吸收古典

---

① [校按]参施特劳斯,《霍布斯的政治哲学》,申彤译,南京:凤凰出版传媒集团,南京:译林出版社,2001;此版译文未曾著录原文页码,查找不便,所有译文均据英文直译。

内容,也不能就此推断他会建立起古典式结构。事实上,霍布斯自信地认为,自己已经建立了关于自然正义的新的论证性科学。《法律要义》第一段提到,对其主题的"真实而清晰的阐明"取决于人性与政治实体的准确知识,以及"我们所称的法律那些内容";这一段还指责前人及其继任者"都没能充分理解他们自己的主题"。题献给《论公民》的书信(2.6)也提到,在之前所有的道德与政治哲学家中,"无一人采用了适当的论述原则(principle of tractation)"。约 1646 年,在《光学笔记或第一草稿》中(手稿),霍布斯说:

> 如果确立起了正确的学说,那我就配得上两门学科奠基人的称誉。这两门学科一门是最惊异的光学,另一门是我在《论公民》中提到的最使人受益的自然正义学说。(7.471)

据霍布斯所言,这门新的论证性科学之所以新,正在于所有写过"关于人类能力,热情和规矩的人,即道德哲学,政治管理和法律",无论古今,虽卷帙浩繁,但他们"都把那些普遍接受的视为原则,无论其对错;而其中大部分均有误"(《法律要义》pt. I,ch. xiii,§4;Ⅳ,73)——简而言之,这段文字中论及的原因正出自《利维坦》,而本文正以《利维坦》的这段文字开场。① 这门

---

① 霍布斯曾反复说(《法之要素》就提到过两次)"亚里士多德、塞内卡及其他相似的作者"判定对与错,均"听从他们激情的命令,或像我们听从他们那样,他们就听从其他权威"(4.211),而且"亚里士多德和其他人从未论证过有关伦理道德和政策的内容,反而热情洋溢地迎合流俗统治,以动人的诡辩之辞,隐藏他们自己的观点。"

新科学之所以为可证明的,正在于霍布斯认为,所有正确的知识都源于第一原则与事物的根源。在 1640 年及此前,霍布斯一直把自己看作数学家(mathematici)。推理是一门逻辑学问,而霍布斯从学生时代起就擅长逻辑,尽管对几何学入门较晚。

既然新的论证科学的关键点(或霍布斯这样认为)即为"人的本性""法律"和"政治实体",那么,此文的恰切计划则是直接思考三者依次与亚里士多德《政治学》的特殊关系。笔者会遵循这条思路,以非论证性的方式介绍(或重新介绍)相关内容,但亦不会成为某种想象性的文字。

在笔者看来,霍布斯政治哲学的精髓,包含于题献给《论公民》的书信中(2.2):

> 有两条公理必定同样正确:人待人如上帝;人待人如豺狼。前者就公民之间的关系而言属实;后者就国家之间的关系而言属实。在正义和仁慈这些和平的德性方面,公民跟上帝有些相似。但在国家之间,坏人的邪恶使好人为了保护自己,不得不诉诸暴力和诡诈这种战争的技能,即诉诸动物食肉的天性。①

有序政府之下的生活,和平、理智而且(据霍布斯说)有完整的法律,即便并非完全遵循基督教原则(2.62),对于这类民人而言:人待人如上帝(homo homini dues)。对不受统治的独立的人(或对于好勇斗狠的国家)而言,他们处于"自然状态(即无政府)"的战争中,即贪得无厌、下流无礼、残忍无情:人待人

---

① [译按]中译文参霍布斯,《论公民》,应星、冯克利译,贵阳:贵州人民出版社,2002,页 2。

如豺狼(homo homini lupus)。

总体而言,这些概念从古典文本中衍生而来;亚里士多德《政治学》1.2也清楚表达了类似观点。在亚里士多德的这段文字中可以读到,荷马所写的"无宗族,无法律,无灶火"的人是不法之徒与好战者,而一个完全独立的人要么是野兽,要么是神明;"完整"的人(在城邦的完整状态中)是动物中最高贵的,所以离开了法律和正义,他又会是最邪恶的;因为人可以动武,所以人又是世界上最危险的动物。"如果人缺乏德性,那就没有任何一种动物会像人这样肆无忌惮、凶残、充满肉欲而又如此贪婪。"

"人待人如豺狼"实际上并非霍布斯愤世嫉俗的新说法,无论是口头上还是文字中。就口头表达而言,它是一句谚语,早就以此面容出现;如在《特洛伊罗斯与克瑞西达》(*Troilus and Cressida*)第一幕第三场中,尤利西斯(Ulysses)关于"程度"的台词中出现:

> 只要把纪律的琴弦拆去,/听吧!多少刺耳的噪声就会发出来……/威力将代替公理,没有了是非之分也没有正义的存在。/那时候权力便是一切,/而凭仗着权力,可以遂着自己的意志,放纵他的无厌的贪欲。/欲望,这一头贪心不足的饿狼,/得到了意志和权力的两重辅佐,/势必会把全世界供它的馋吻,/然后把自己也吃去了。①

---

① [译按]译文参莎士比亚,《莎士比亚全集》卷2,朱生豪译,辜正坤、何其莘校,南京:译林出版社,2005,页294。

其实,"人待人如豺狼"是古代对贪婪之人的描述。① 不可否认,目无法纪的人不一定会失去理智;但霍布斯自己事先就说(2.107):

> 自然状态与文明的对比(意指自由相对于臣服),与激情与理性或野兽与人性的对比相同。

同样荒谬的是一种疏忽,即认为人待人如豺狼正是霍布斯对人性的全部描述,而政府正立基于此。补充性的表达则是人待人如上帝,亦同样适用。对霍布斯而言,人的理智水平真的就跟贪婪的动物相同。作为理智的动物,人通过政府管理方式来寻求和平与安全,而对和平与安全的需求,就最简单的本质而言,即使是最愚笨的人都能理解。也许,霍布斯真的像一些古人那样,认为理智的实际用途相当简单,即尽可能"确保人实现其对未来的渴望"。

亚里士多德和其他古希腊人也许是比霍布斯更高深、更高明的心理学家,他们用各种各样巧妙的尝试来寻找理性与激情的结合点,用形成的德性品质来展示这种结合,并用神圣的理智展示某些庄严的事物,即使这些理智并非绝对反思性的。同样地,就对人性的看法而言,霍布斯绝不是非理性主义者或反理性主义者,或厌辩主义者。霍布斯总是把人性视为贪婪的理性,并总想尝试把握这两个要素之间的平衡。

这篇序言使笔者不经意间做了对人性的数种偶然观察,

---

① 柏拉图《王制》(卷8,566–567)中关于狼人的故事与据说"当前刻于阿卡狄亚(Arcadia)的吕凯奥斯宙斯(Lycaean Zeus)神庙"上的故事一样,都明确涉及欲望。

而人性正是霍布斯新的论证性自然正义科学的第一要点。不过，明显的是，将霍布斯的心理学与亚里士多德主义作比较，这项计划过于宏大，非目前论述空间所能包含。而且，必须承认笔者还不具备完成这项艰巨任务所需要的部分知识，即追溯特殊词汇的意义，以及还原它们的本来思想。笔者并不怀疑亚里士多德的许多观点以某种方式影响了霍布斯，不过，笔者认为亚里士多德的《修辞学》比其余作品更有这样的影响力。

正如施特劳斯在其书的第三章所写，霍布斯十分随意地借用了亚里士多德对激情等内容的描述，更重要的是，还将其风格在很大程度上建立在古修辞学家对性格（les caractère）的描述之上。但在这一方面，《修辞学》是唯一的。照奥布里（Aubrey）的说法，霍布斯补充说"亚里士多德的修辞学及其对动物的论述十分罕见"，以此支撑他的如下讲法，即亚里士多德是"从古至今最差劲的老师"。众所周知，霍布斯于 1637 年发表了一篇《修辞学》"简述"（即一篇摘要）。① 从一篇手抄拉丁文摘要来看，此摘要或在 1635 年为一学生所听记，可据其清晰了解到霍布斯发现亚里士多德的手稿概要，《修辞术》及其逻辑学、伦理学和政治学，还有亚里士多德的叙述风格，内容很适用于教学。如果没有与那特定的起源［译按：指亚里士多德思想］出现反复共鸣之处，反倒显得奇怪了。

无论情况如何，笔者现在着手论述这更具限制性的主题，并只考虑霍布斯直接提到的亚里士多德《政治学》的内容，且以第一个关键点开始，即"人性"。此处，霍布斯主要提及亚里士多

---

① 参施特劳斯所引文献，页 41 注。

德的两点内容：对蜜蜂的描述，以及更多的对自然奴役的描述。
关于蜜蜂的观点是这样的：在《政治学》前面部分中（1.2），亚里
士多德说过人"自然地"就是一种政治性（或社会性）动物，是一
种比蜜蜂更高级的社会性动物，因为人能使用智识性言辞，并能
区分善恶。霍布斯批评这个观点不下五次，而且在《利维坦》中
（卷3，页156及以下），他非常自信地对这一观点提出了六种不
同看法。霍布斯说，人不像蜜蜂，人是具有竞争性的动物；人自
然地会为个人利益而竞争，而不遵循蜂房里的生活方式，天生寻
求共同利益。人不像蜜蜂，人会批评他们的统治者和反叛者；人
不像蜜蜂，人会用他们的雄辩口才煽动叛乱。人能区分违法行
为与单纯的恶作剧，而蜜蜂不行；最后的一点，人通过契约建立
政治管理，而蜜蜂群居则是天性使然。

　　对蜂刺的讨论集中在其尾部。据霍布斯所述，人类不会自
然而然地漂进、跌入或汇聚而成秩序井然的政治管理，随之也不
会用语言和哲学来描绘这样的事实。政府管理是一种计谋，一
种只有通过努力思考才能获胜的策略，但这种政府管理却受到
人类次级理性的（sub‑rational）、食欲本性（appetitive nature）的
对抗而非帮助。政治的公平在某种意义上是"自然"的；因为它
属于人使用理智的自然天性。但人类理智的自然功用就是找到
恰当的方法，即用计谋来解决人们用直觉和激情没有解决及无
法解决的问题。"去观察蜜蜂吧，你们这些理论家"永远不会成
为人类的向导。

　　霍布斯对亚里士多德"自然奴隶制"学说的驳斥根本上出
于同一原因。正如《利维坦》所述：

　　　　在纯自然环境中，谁是优等人，这种问题毫无意义。在

那儿,如前文展示,所有人都是平等的,现在的不平等现象是引入市民法(the laws civil)的结果。(3.140)

霍布斯坚持认为亚里士多德在这个问题上所犯的错误极其严重。在《法律要义》(4.103)中,霍布斯说:

> 他(亚里士多德)在人的天性力量之间做出了如此大的区分,以至于他毫不怀疑地将所有政治体制建立在此基础之上,即一些人天性适合统治,而一些人天性就应该服务。此论述基础不但削弱了他的政治体制结构,而且给人们借以扰乱和阻碍彼此间和平的迹象和假象。①

据霍布斯所述,在无政府状态下,最弱的人可以做出最强大的事,从这一简单事实即可以得出明显结论:人"在自然状态之中"平等。雅亿(Jael)只需等到西西拉(Sisera)睡着,即可拿到她的钉和锤。② 鉴于这种平等,人头脑和智力上的不平等(霍布斯没想过去否认)就应归咎于至高王权(sovereign‑ty)的图景。实际上,霍布斯认为虽然"平等"是"自然法则"之一,但它是以权宜之计(expediency)为根据,而非依据纯粹理性(pure reason)。笔者从《法律要义》中引用的典型文段这样写道:

> 由于本性间存在差异,以至于主人和奴役的存在不是因为人的同意,而是因为固有的德性;然而超越别的具

---

① [译按]中译文参霍布斯,《法律要义:自然法与民约法》,张书友译,北京:中国法制出版社,2010。译本未标注原文页码,现译文为译者据英文直译。

② [译按]参《旧约·士师记》4:2‑3。

有显著德性的人,以及愚昧到不能管制自己的人,是不会在如下之人中达成一致的,这些人总认为自己至少能如别人管制自己一样管制别人。当机智的人和愚昧的人发生争论时(这通常发生在暴动和内战时期),大多数情况都是后者取得胜利;只要归于自己的荣誉多过给予别人的荣誉,那么人们之间和平共处的画面就很难想象。①

如果亚里士多德《政治学》是一篇计划周全、前后一致的论文,而非诸多散论之辑录的话,那么全书开篇赋予自然奴役学说重要性就可证实如下推论,即如霍布斯所说,"自然奴役乃所有政治学之基础"。广义上讲或正是如此;不过,如下内容仍然含混不清,即亚里士多德为自然奴役辩护的尝试除在城邦(polis)中证实奴隶制的"自然性"以外,还会直接拥有更为邪恶的目标。这一学说似乎根本不适用于城邦中的所有自由人,或似乎本意并非适用于他们,因为亚里士多德未提其他要点,只认为(《政治学》1.6)主人之于奴隶正如灵魂之于肉体。这种从属关系在自由人之间不存在。如果在自由人的问题上也存在任何自然的类比的话,那么据亚里士多德所述,这种类比完全不同于智识管束(counselling)激情的类比。亚里士多德似乎也用到此类比,但并非用在自由人问题上,而是用在妇女与儿童的问题上,以及用于提及君主制的政体形式之时。

所以,我们不太清楚,霍布斯对亚里士多德自然奴役学说的驳斥,是否正如霍布斯自己所宣称的那样意义重大。霍布斯花

---

① 亚里士多德承认了暴乱言论的倾向,参亚里士多德,《政治学》,卷8。

了大量精力来阐明对家长式专制统治政府(即不是由制度组成的政府)的描述。例如,《论公民》(第七章和第九章)中的相关章节"事关自然的政府管理也可以叫做习得(acquired),因为它是由力量和自然力形成的",这些章节冗长乏味,极像作者基本学说的副产品,写作之时不太顺畅,因为作者无法否认传统主义者的立场,后者断言许多政府是由征服产生的,尤其是一些小共同体更是如此,所以家长权(patria potestas)就成了铁定的现实。

然而,在《利维坦》(第二十章)中,霍布斯明确了他的思想,所以他如人所望地清晰表达了相关内容:"至高王权的权利和结果都是一样的,无论至高王权如何产生。"以武力建立起的政府和按合约建立的政府之间唯一的相关差别在于,在前者中人们出于对征服者的恐惧而屈服,在后者中则出于相互畏惧。除非奴隶或在战争中的俘虏事实上被扣上了脚镣,否则对奴隶或俘虏而言,这种屈服同样是订立的契约,虽是在强迫之下,但毕竟那也是一种契约。"因此对被征服者的管辖权不是由战胜而来的,而是由他自己的契约而来的。"至于宗法管辖权,"在自然状态下"是母亲而非父亲可以声称拥有此管辖权。(在《论公民》中,霍布斯就此话题已阐述了他的观点,在众多其他事物中,"母腹孕育了生命")。事实上,宗法的管辖权是法律制度的问题,"然而有些人认为管辖权只归男子所有,原因是男性更优越,但他们是错误的"。

因此,霍布斯基本上能够清晰地、始终如一地坚持至高王权都是人为的,而非"自然的",无论它是否由制度所建立。很明显,这是很重要的论述线索,同此前考虑到的论述同等重要。几乎没有政治声明比霍布斯的那些关于"平等"的声明更重要;因为这些声明的精髓是至高王权,即使是君主也不需要,且无需假定自己定要比臣民更优秀、聪明或神圣。王权的赋予经由一致同意，并非因为所谓的自然优势。政府统治的邪恶绝非普通人私下诋毁的借口，这些人总认为自己（且也非常可能）统治得跟他们一样好。原则上，主人（如果只有一个的话）正是这些普通人之一，由于一致同意而被赋予了无限的绝对王权。至高王权就是用人造之灵魂赋予同样为人造的共同体以生命和运动。

现在，让我们进入第二个关键话题的讨论，即"法律"的真正概念。

就这个问题，霍布斯承认其大概目标与"柏拉图、亚里士多德、西塞罗及其他人"一样："我的目的不是要说明某地的法律情形如何，而是要说明什么是法律。"（3.251）霍布斯批评古人们，尤其批评亚里士多德，认为他们总结出了错误的答案。他对亚里士多德的指控在于，亚里士多德荒谬地认为应依法治国而非以人治国，更直白地说，亚里士多德曲解了法律的本质。

《利维坦》（3.683）写道：

> 使法律具有力量和权威的不是空谈和允诺，而是人和武力。因此，亚里士多德的哲学中另外有一个说法便也是错误的，那便是在一个秩序良好的国家中，应当处于统治地位的不是人而是法律。一个具有天生知觉的人，纵使既不能写也不能读，谁又看不到自己是受着自己所畏惧、并相信在自己不服从时就可以杀害或伤害自己的人的统治呢？谁又会相信没有人插手、没有人握着剑作后盾，纸上谈兵的法律能够伤害自己呢？这也是有毒害的错误之一，因为这些错误诱使人们在自己不喜欢自己的统治者时，就归附于把这些统治者称为暴君的人，并认为对他们发起战争是合法的。

这些果断有力的言辞涉及法律的执行（或无论如何与执行有关），笔者将再次回归主题。然而，总体而言，在这样的联系中可以发现，"法，而非人，应当来治理国家"这条格言相当令人费解，尽管此格言曾启发哈灵顿（Harrington）这个美国宪法的缔造者以及其他人。亚里士多德心中记得的（如《政治学》8.9 提及大众的权力高于法律）正是贸然决定的危险，与已建立的审慎且合理的通行预期相对。这是一种立法性论述，亚里士多德在僭主"任其喜好"的决定与宪法统治者之间的对比亦是如此。不过，两种情况都是人进行统治，只不过僭主无视先例与承诺，而立宪者则重视先例与承诺。政体（或宪法）不能进行统治。宪法最多只是描述人们已经商定并同意进行统治的方法。亚里士多德说（见上述引文）"赋予法律以权威就是仅给上帝及智力以权威"，这样的说法定会受到严厉的批评。

据霍布斯在《论公民》中（第十四章第二节；第二章第 183 页以下）的说法，亚里士多德对法律本质的理解完全错误。亚里士多德将法律视为"ὁμολογήματα[协定]或被人们普遍同意的生活方式"。霍布斯把亚里士多德对法的定义翻译成如下文字：法律是一种语言，受限于城邦的共同同意，规定了所有我们应该做的事（霍布斯也给出了希腊文，但没有提供参考文献）。霍布斯说，此定义只涉及民法，且这种描述十分糟糕。此定义所描述的只是承诺与保证，是一种"赤裸而无力的约定"。亚里士多德应这样说，"民法是一种言辞，受限于城邦意志，规定人们理应做的所有事情"，同时霍布斯说，这种说法与霍布斯自己对法的定义相等，即：

　　要知道民法是人的命令，这人或为某个人或为多人组成的议事会,他或他们被赋予了至高的权威,以决断臣民们未来的行动。①

简而言之,霍布斯不赞同亚里士多德对法律的描述,正如他不赞同柯克(Coke)及共同法议员的描述一样,或也不同于较早时期布雷克顿(Bracton)的描述。当应涉及具有司法强制力的确定的高级命令时,他们却讨论民俗、判例法(case-law)及相关先例。

由于霍布斯将其全部理论建立在"诸法律"之上,而至少从世俗的角度讲,这些法律既非命令,也不具有强制力,也就是说,霍布斯的理论建立在所谓的"自然法(laws of nature)"之上——"整本书中,我竭力阐释此法律"(《论公民》章14,节4)——霍布斯明确坚持(如见上述引文第二十一节),"我们服从民法的义务,先于所有民法,正由于此义务民法具有有效性"。很明显这需要解释,尤其是霍布斯在《利维坦》中承认,"自然法"是"总结或法则",而非真正的法律(3.147)。笔者认为霍布斯的观点并不完全一致,但笔者尽力大概描述霍布斯所坚持的观点。

"自然法"(霍布斯说)是"和平的方式",有时如在"平等"的情况下,它(正如我们看到的)大部分根据有利的结果来加以辩护。然而,在大多数情况下,霍布斯如廊下派一样(stoicwise)将自然法看成自然理性的指令而用现代专业术语来讲,即以义务的方式而非以功利的方式(履行契约是其突出特征)。据霍布斯的观点,这些"法律"或法则是"义务(obliged)",而非"约束(tie)",也就是说,自然法意指我们现在称作道德义务的内容,

---

① [译按]中译文参霍布斯,《论公民》,应星、冯克利译,贵阳:贵州人民出版社,2003,此译文据英文本直译。

然而按人性的方式却不会强制执行。因为自然法凭其本身来"义务执行"（obligated），因此，自然法的"义务执行"独立于政治之外，并因此处于"自然状态"之中（例如，至高的君主依据职权处于"自然状态"之中却可以犯罪，即行为和思想违背理智，并且也可以在公共职务中犯罪，尽管他们作为民法的来源，没有办法犯法律意义上的罪）。

然而，由于"自然状态"即战争状态，所以只有"正确的理性"在战争中有一席之地，自然法才能被"义务执行"。① 在城邦国家中，臣民自愿服从。臣民的所有行为责任（包括道德责任）在原则上为主权者所有，而非他们自己所有。作为臣民，他们仅有的义务就是遵从主权者强制执行民法。原则上，虽然人们的信念和良知保持完整（此信念与良知未被法律权威"约束"），但臣民的义务也不会有任何形式的保留。因此最后，关于所有臣民，我们可以读到《利维坦》特别强调的学说：

> 亚里士多德和其他异教哲学家都根据人的欲望来给善恶下定义，当我们认为善恶是根据各人自己的准则支配每

---

① 据霍布斯所言，在极端情况下，自我保卫的"自然权利"意味着所有"和平共处方式"完全废除。霍布斯论述此主题的方式似乎饱含深情而又刚愎自用，并坚持认为，例如，劫掠和屠杀是没有限制的，哪怕是基于有关个人安全的最遥不可及且空想性的忧虑（在"自然状态"中，每个人都会判定害怕什么，以及采取什么措施）。总体而言，"自然权利"是被共同接受的原则，即当公共治安不起作用时，自我保卫的原始权利就回归到个人。但是，此原则可能且时常与和平的"自然法"相冲突。确切地说，"权利"或被法律保障，或被法律允许。然而，在任何时候，"自然法"都无法以人性的方式确保任何权利。在"自然状态"下，"自然法"所允许的权利含混不清，但至少它允许任何形式的或假定的自我保卫行为。

个人的,那么这说法便一点问题也没有;因为人们处于除开自己的欲望就没有其他法则的状况下,是不可能有善行与恶行的普遍法则存在的。但在一个国家中这一尺度便是错误的,应成为尺度的不是私人的欲望,而是法律,也就是国家的意志和欲望。

目前我们论述主题的第三个也即是最后一个要点为政治实体(body politic)的本质。在这里,霍布斯对亚里士多德及其他古人们的批评既简单又彻底。他们既没有着手处理第一原则(霍布斯的说法),也没有正确理解理性策略的本质,此策略又决定了政治实体。

据霍布斯所言,国家的政体意味着大多数人通过彼此间的一致而建立起主权国家,该主权国家拥有绝对的命令权,并且能够通过严刑峻法的独断专行来强制执行命令。当大多数成员如此作为之时,他们就将大多数人变成了至高无上的人,而且原则上,无论这"人"是民主者(民人集体为最高统治者),或寡头者(议会掌权),又或是君主(一人统治),结果都一样。① 三种情

① 此处指单纯的民主政体、寡头政体(或贵族政体)与君主政体。更为复杂的体系,诸如国王、上议院和众议院,或内阁、众议院和上议院,又或如当今美国的"制约与平衡"体系,这些都不会动摇至高王权不可分割的原则。这只是不可分割的至高王权执行者的一个复杂体系的证据。从一般意义上讲,这也还是好的霍布斯学说(例如《利维坦》,第 19 章),虽然霍布斯合理地反对含糊不清的词语,如混合君主制——"确实的混合君主制"(2,96)——这种反对导致他在谈论"所有、一些,或仅一个"时晦涩难解。至高王权不能被混淆或限制。限制至高王权就是使最高权力臣服于某种更高级的权力;但统一的至高权力,可按不同技术原则,被不同的官员按不同的级别加以分享。

况中,主权者都是民人,但都不会是大多数人,也即是说,至高权力是权力与意愿所认可的贮藏,大多数人仅通过建立政治实体的行为而放弃各自的权利和意愿,并将其授予政府管理。在三种情况中,策略的实质相同,即所有臣民对绝对统治的服从;这是极度简单的事实。霍布斯相信,政府这种理性技艺(即关于统治和服从)在君主制政体中运行得最平稳,这确为事实;但是,霍布斯承认,那在很大程度上是一个观念的问题,"我承认,在整本书中,仅这一点并非证明性的,而仅可能为陈述性的"(《论公民》之"致读者")。

从上述前提可以轻易推断出霍布斯不同意亚里士多德的观点。

其一(他说),民主政体事关大众的统治,而非大众的自由。亚里士多德在《政治学》6.2 中谈到,"那时的民俗误称统治为自由"(霍布斯在其三篇政治学论文中都一丝不苟地给出了参考文献)。霍布斯在《论公民》(第十章,第八节)中继续写道:

> 我们从这也许可以推断,那些哀叹在君主制中失去了自由的公民之所以苦恼,仅仅是因为他们没有被召去在国家统治中一试身手。
>
> 人之所以会有这种印象,是因为他们平等地参与公共事务并分享权力。在权力属于人民的地方,公民个人就其是掌握主权的人民的一部分而言都分享了权力。

总之,当亚里士多德坚持自由民人轮流进行统治和被统治时,他便误解了整个情况。① 至于"自由",若正确地理解,则是

----

① 霍布斯在柏拉图的《王制》(8 章,57)中已经辨清关于"自由"的相同困惑。

一种来自禁令和障碍的自由,霍布斯说:

> 我不认为民主制中比君主制中有更多的自由。君主制
> 可以像民主制一样合法地与这种自由并存。①

其二,雅典人和罗马人对僭政的长期反对,以及亚里士多德
对君主制及僭政根深蒂固的混淆,(霍布斯说)都应受到谴责,
无论从理论或从实践方面而言。绝对权力是至高王权的本质。
忘记这一点就是忘记政治策略的本质,而且,亚里士多德再次被
平等的错误推论所引导。据亚里士多德所述(如《政治学》8.9),
(无论如何在已启蒙的希腊)不存在自然的君主,因为在德性或在
其他高尚品质中,任何人和可能成为他臣民的人之间不存在无法
逾越的鸿沟(这是一种扩展,是对"自然奴隶制"的极大延伸)。据
霍布斯所言,在任何意义上,君主不是超人类,但他被授予超越个
体的权利。也就是说,被授权与共同体的集体权力相一致。所有
形式的至高王权都是一种联合而非一种顺从。

其三,霍布斯论证(如卷2,127)道,亚里士多德的说法误导
了后人,他说世上有两种形式的政府,一种有利于统治者,另一
种有利于臣民。霍布斯说,事实是这样的:政府的实质和功用相
同,在所有例子中,政府都带有有利和不利因素。亚里士多德没
有论据。

> 似乎臣民们被严厉管制的地方就会有一个政府,而在
> 被稍微温和管制的地方又有另一种形式的政府。这种观点
> 断然无法接受;因为政府产生的有利因素和不利因素,对统

---

① 参霍布斯,《论公民》,前揭,页 108 – 109。

治者或是臣民而言,都是一样且共同的。

这些是霍布斯控诉的主要观点。这些观点都以基本的批评为根据,即亚里士多德没有发展第一原则,而是以这些原则为幌子,反而倾向于去描述他所见到的周遭情形,且多以带有偏见的方式。笔者将附加一些评论。

第一,霍布斯花了一些时间来处理他对亚里士多德某些问题反对的强烈程度。在《法律要义》中,他写道:"亚里士多德说得很好(《政治学》卷六胜过卷二),民主制的基础或目的是自由。"正如我们看到的,霍布斯《论公民》对同一段文字的评论,将表扬变成了谴责。

第二,根据亚里士多德所述,民主制是共和政体的变体,在极端的情况下,也是共和政体危险的反常形式。霍布斯没有注意到这一点,而且鉴于其目的,他也无需注意。亚里士多德确实坚持"民人"最好被定义为参与司法及审议职务的人(如《政治学》3.1)。亚里士多德再次强调,绝对政治权力必然为僭政(如《政治学》8.11)。

第三,在亚里士多德的《政治学》中,至少有一段文字就其逻辑而言是彻底霍布斯主义的。这段文字出现在卷六第五节,亚里士多德阐述道,大众将他们本身转变成了一位君主,即由众人构成的一个个体,但并不是某个人,而是集体。揣测霍布斯是否思考过这段文字,或是否已将其遗忘,以及是否下意识地受其影响均为徒劳。就算他确定上述情况,他与亚里士多德的不同依旧巨大。因为亚里士多德的结论为:如此的集体权力可能是僭政,且只有当民主者被凌驾于法律之上的煽动家所蛊惑时,这种情况才会发生。

这包含了笔者在现在这篇文章中试图说明的主题,虽有些受限,但仍具可操作性,即霍布斯就亚里士多德《政治学》所明确表达的内容,试图用各种办法来阐明关于自然正义的新证明性科学。笔者认为,这一主题虽然受限,但并不完全缺乏趣味及重要性,相反笔者认为,此主题将变得更重要,而且如果把这个主题由霍布斯对亚里士多德的见解转变为亚里士多德主义者对霍布斯的见解的话,这会变得更加有趣。设若不算鲁莽,笔者斗胆提议亚里士多德主义者群体某些成员注意此补充话题。但笔者现在关注霍布斯对这些问题的论述。

亚里士多德或其他希腊人有关于至高王权的可靠概念吗?缺少这样的正确概念,还会有健康的政治理论吗?研究有序的人类关系、高尚传统以及美好生活理想的哲学,能摒弃对有效政府的策略进行特别考查吗?习俗和传统能替代意愿吗?受强力支撑的意愿难道不是积极的实体吗,尽管意愿不是成文法的反思精神?人们可被管制主要是由于他们惯于顺从还是另有原因?人们自然的友善及广泛的善良意愿,是否足够使他们知道在大的共同体中,怎样实现井然有序,怎样保持和平,即使在这社会中存在相当一些搬弄是非者?所有问题都与霍布斯关于社会和政治方面理论的三要点有关,即"政治实体""法律"和"人的本性"。古希腊人说过许多关于这些问题的明智见解。但是,霍布斯的观点不也是非常中肯的吗?

笔者不打算用流行的方式来讨论这些问题,虽然许多问题确实热门。笔者认为,对待热门话题最好用流行的方式,对待历史问题,最好用历史的方式,即使后者的处理方式会带来如下后果,即无法对流行的领域产生任何影响。然而,这些问题本身没有确切日期,而正是那些被加上日期的事物,而非没有日期的事物,使历史的观念难以轻易地把握。

笔者将提出一系列疑问来结束这篇文章,对笔者来说,这些疑问出自讨论本身,而且这些疑问对于如今来说与它们在霍布斯时代或亚里士多德时代看来一样中肯。

疑问一:基于上述所有讨论,难道统治不是一个政府的职责吗?

疑问二:除了强制执行他们的意愿,为什么政府拥有惩罚的垄断权? 有没有人想划分他们的垄断权呢?

疑问三:除了"免于……"(freedom - from)以外,"自由"还有没有其他可理解的感觉?

疑问四:如果民主制是所有人的统治,那么精确地讲,民主者到底"免于"什么?

疑问五:臣民的义务不是服从吗?

疑问六:政治管理不是一种策略,一种精心设计的计谋吗?

疑问七:这种策略是否在某种程度上暗示了统治者应该在某些方面为超人类呢?

疑问八:政治管理这种计谋无论从任何方面均应该被贬抑吗,因为它只是一种计谋?

阿芙罗狄忒(Aphrodite)赤裸着从海之泡沫中出生;雅典娜(Pallas Athene)全副武装地从宙斯的额头中蹦出来。

亚里士多德论理想政体

米勒(Fred D. Miller,JR.) 著

玻希扬 译

  亚里士多德论述的理想政体,在《政治学》中占有非常重要的地位,其中八卷文字有三卷都着力阐述了这一观念。亚里士多德在第二卷批判了前人对于理想政体的见解,在第七卷和第八卷说明了自己关于理想城邦的构想。

  "理想的(Ideal)"是较为粗略的译法,译自亚里士多德所用的希腊词 euchê,字面义为"祷辞(prayer)"。亚里士多德认为,最理想的城邦将"根据祷辞"而存在,也正是"我们所祈求的"。"若未受外部困难干预",理想城邦便会出现(4.1.1288b23 - 4)。理想城邦须具备有利资源、地理优势、适当的人口数量、人的天资和等级结构(4.11.1295a29, 7.4.1325b36, 5.327a4, 10.1329b25 - 6,11.1330a37)。这里提到祷辞,也就暗示了运势的地位:"我们祈祷,城邦具有由运势所带来的善(假定善的确由运势带来)。"(7.13.1333a29)因此,构思建立一座城邦,比实际上建立一座城邦要容易得多。因为在构想中,城邦可以拥有由运势所带来的善(7.12.1331b21)。亚里士多德将理想城邦与神话里神赐之岛进行了对比(7.15.1334a31)。普通的城邦要达到那样的程度实在很难(4.11.1295a29 - 31)。但是,"我们可以设想这种理想的情况,毕竟一切皆有可能"(2.6.1265a18,

另参 7. 4. 1325b39）。因而，亚里士多德所述的理想城邦不是乌托邦——"乌有之地"（no place/outopia）。

关于亚里士多德理想政体的疑问

亚里士多德描述的理想政体还存在几点问题。其一，亚里士多德在文中哪部分论述了这个观点。《政治学》中，卷四至卷六论证了当前政体之后，卷七至卷八便开始描述理想政体。《尼各马可伦理学》末尾的"政治学"概要已经反映了这种行文顺序：

> 首先让我们来对前人与此有关的合理说明加以回顾。其次，从所搜集的政制汇编中来考察一下，什么样的政体保全了城邦，什么样的政体毁坏了城邦，而在这些之中，每一种政体又是什么，由于什么原因有的城邦治理得好，相反，有的城邦治理得坏。在考察完了这一切之后，也许还要进一步考察什么样的政体是最好的。每一城邦怎样维持秩序，有什么样的法律和风俗。那么，让我们从头说起罢。（10. 9. 1181b15 – 23）。

然而，纽曼等一批学者却表示，关于最好的政体的讨论，应该直接放在卷三之后，但是，可能由于后人传抄不当，文章的行文顺序也发生了变动。的确，卷三文末的过渡文字已转向最好的政体的讨论。但是，仍旧没有其他证据支持（或反对）这一言论。（辛普森［Simpson］所译《政治学》据纽曼重编。）

然而，其他学者偏向采用"一位论（unitarian）"方式理解

《政治学》(《尼各马可伦理学》的概要也同样提到上述内容)。
尽管自耶格尔以来,不少学者费了许多笔墨试图说明亚里士
多德政治观点的年代学层次,但结果还是模棱两可,不尽如
人意。

　　这些文献学问题衍生出了哲学问题:难道《政治学》的主旨
前后矛盾? 舒特鲁姆普(Schütrumpf)等学者认为,虽然亚里士
多德认为理想的城邦依托于道德准则,但在卷四至卷六中,一提
及政治实践,他就对道德准则避而不谈。例如在后文中,他用城
邦安定,而非公平公正来判定政治决策。这不能不让人怀疑,亚
里士多德在卷七至卷八强调的理想城邦的必要准则,与卷四至
卷六所论的政治实践中采取的必要手段是否一致。

理想的构想与政治实践

　　通过比较治国策略与体育训练,亚里士多德开始阐述理想
的构想与一般治国策略之间的关系(《政治学》4.1)。一位教练
若经验丰富,则应选用益于每人不同体格的训练方法;若经验丰
富,则要教人达到"身体自然强健"的程度以在体育竞赛中争夺
冠军;若是更好的教练,也许就要了解对能力稍逊的儿童而言,
哪种训练方式最为适宜,才能使其参与比赛。此外,有人参加体
育训练不为参加体育竞赛,而是出于实用目的,想变得身强体
壮。那么,一位令人满意的教练也能够帮助他们达成愿望。其
他手工业者,包括医生、造船者和裁缝,都应按照这种方式完成
工作。相应的,"出色的立法人员以及真正的政治家"须完成以
下工作:

1、什么是最优良的政体，若是没有外部的干扰。（1288b 21 - 24）

2、真正的政治家就不应该一心盼求单纯意义上最优越的政体，他还须考虑到切合城邦实际的最优良的政体。（1288 b24 - 27）

3、此外，我们还应该能够指明，在给定的前提下，一个政体起初是如何产生出来的，通过什么方式可以使它长时间地保持下去；我所指的就像这样一个城邦，压根不适于最优良政体的治理方式，也不具备最起码的条件，其政体甚至没有达到为其实际存在条件所允许的优良程度，而是只达到了某一较差的水准。（1288b28 - 33）

第一种工作涉及理想的理论（ideal theory）：描绘了尽享有利形势的城邦的最佳政体。第二种工作是次好的（second - best）的情形：描绘了民人及各类资源所难以克服的困难，在此条件下，怎样的政体对现实社会才算最为完善（比较柏拉图《法义》5. 739a - b）。第三种工作涉及一般的政治构想（ordinary political theory）：现存政体不够完善，要如何改进。亚里士多德驳斥了前人贬抑这种工作的态度：

> 我们不仅应当研究什么是最优良的政体，而且要研究什么是可能实现的政体，并同时研究什么是所有的城邦都容易实现的政体。如今，有一类人一心一意地追求最优良的政体，而那是需要具备众多的天然条件的；另一类人则宁愿谈论某种共同的政体，他们希望废弃自己生活于其中的政体，盛赞别的某种斯巴达式的政体。而对现存政治体制的这类改变，应使人们都甘愿并能够接受，而且要易于实

施。因而改善一个旧政体的艰辛程度并不亚于从头建立一个新政体,犹如补习之艰难并不亚于从头学起一样。因此,一位政治家除了具备以上所说的素质外,还应该有能力帮助现存政体改正其弊端,这在前面已有阐述。(《政治学》4. 1. 1288b37 – 1289a7)

亚里士多德理想化的先驱们或可反驳道,无约束的激进主义会造成无原则的实用主义。人们易于接受的一些较小变动,或只会助长不公正政体的长期存在。例如,若有政治家认为,永恒不变地执行法令更有助于巩固政体,但如果法令是完全不公正的呢? 那么,第三种工作不会导致道德的妥协吗?

这一评论忽略了在亚里士多德所说的治国方案中理想的理念所起的作用。它的作用可以解释两点准则,一为趋近原则(the principle of approximation):

> 获得终极目的的东西在最真实的意义上是一切事物中最好的;如果这不可能实现,那么,离最好较近的东西就较好。(《论天》[De Caelo] 2. 12. 292b17 – 19;另参《生成与毁灭》[Generation and Corruption] 2. 10. 336b25 – 34)

亚里士多德援引健康为例。有些人身体非常健康,但是还有一些人通过某些方式减轻体重,或者通过锻炼身体减重以保持身体健康。还有一些人因不治之症,身体不得安适。可以锻炼或设法减重而达到身体健康的人,理所当然应该如此;而无法完全获得健康的人,比如中风患者,也须竭力增强锻炼,尽可能保持健康的体魄。

二是偶然集合原则(the principle of casual convergence)(见《论题篇》3.5.119a17 – 18)。假设 C 因素促成 E 结果,那么越接近 C 的因素,将促成越接近 E 的结果。比如水越烫,越易于沸腾。以上两条原则相结合说明,即使某一设想难以实现,也可以把它作为一种标准。若设想的情形 I 可以带来美好的结果 G,那么越与 I 相近的条件,便可以造就越接近 G 的结果。例如,理想的饮食习惯可以促成状况最好的胆固醇含量。饮食习惯越合理,胆固醇的健康状况就越良好(以此类推)。

如果将这两条原则应用于政治,那么理想的城邦则可密切联系每一项政治事务。即使实际上这一目标很难实现,但可作为引导而改善现存体制,使其尽可能更近于我们的政治目标。尽管奉行亚里士多德哲学的政治家认同这些理想的情形,但此政治家不会是追求乌托邦主义的完美主义者,不会因为难以建立的"天国之城(heavenly city)"而远离政治。正是有了这样的政治家,最完美的政体可以作为一种规定性理想(regulative ideal)。这种方法可称作趋近法(approximist):现实的政治应以改进现存体制为目标,从而使其自身更有可能趋近理想的情形(克劳特[Kraut]亦持此观点)。

关于早前理想政体的评论

《政治学》卷二详细批评了柏拉图的《王制》,也稍微简要地谈到柏拉图的《法义》以及卡尔克冬人法勒亚(Phaleas of Calchedon)和米利都人*希珀达摩斯*(Hippodamus of Miletus)的建议,①随后还讨论了"据说统治得极好"的现实城邦(即斯巴达、克里特和迦太基的模式)。亚里士多德承担这一考查:

> 这样什么是好的和有用的就明白了。人们不必以为,我们寻求他们之外的某些东西,为的是有意地作诡辩式的炫耀,我们从事这种研究只是因为现存的政体都有弊端。(2.1.1260b32 – 6)

这暗示了评估所谓的理想模式的标准:提出的理想情形须有益于改善现存的体制;仅具备创造性是远远不够的。

亚里士多德从四个方面批判了卡洛斯城邦(Callipolis)——即苏格拉底描述的"美好的城邦(beautiful city)"(《王制》卷七,527c)。这四个方面为:政体的目标,世界大同主义,整个城邦政体的幸福以及哲人王。

政体的目标

亚里士多德辩驳了苏格拉底的假设:

> 整个城邦愈一致便愈好,但是,一个城邦一旦完全达到了这种程度的整齐划一便不再是一个城邦了,这是很显然

---

① [译按]法勒亚,古希腊政治家,认为在城邦的模式中,财产和教育都是平等的;希珀达摩斯,古希腊建筑师、城市规划者、内科医生、数学家、气象学家、哲学家,被认为是城市规划之父。

的。因为城邦的本性就是多样化，若以倾向于整齐划一为度，那么家庭将变得比城邦更加一致，而个人又要变得比家庭更加一致，因为作为"一"来说，家庭比城邦为甚，个人比家庭为甚。所以，即使我们能够达到这种一致性也不应当这样去做，因为这正是使城邦毁灭的原因。(《政治学》2.2.1261a16－22；亦参《王制》4.422d1－423b6,5.462a9－b2)

亚里士多德认为，苏格拉底希望卡洛斯城邦如同个人一般归一化。但亚里士多德反对其论点：城邦是许多人的组合，许多人又是不同的种类，发挥着不同的作用(1261a22－b10)，城邦的目标不在于归一化，而在于通过劳力的分工使得城邦能够自给自足(1261b10－15)。亚里士多德也不赞同柏拉图重复提到的观点——理想的城邦是"超越个人(super－individual)"或"超越组织(super－organism)"的(参波普尔[Popper])。然而，柏拉图的支持者否认，柏拉图试图赋予这两个词极其精确完美的定义，亚里士多德只是在用主观推测批判柏拉图的言论。

世界大同主义

亚里士多德看到，在城邦中，政体只是(民人)共享(东西)的一种方式。

　　一个秩序井然的城邦是否应该共有一切事物，抑或只是共有某些事物，而另外一些事物并不共有呢？因为可以想象到市民们会共有妻子、儿女以及财产，就像在柏拉图的

《王制》中苏格拉底所倡议的那样。是我们现在的状况好
呢,还是那种符合《王制》中所提出的法律的状况好呢?
(《政治学》2.1.1251a1－9)

这不同于苏格拉底的观点。苏格拉底只指出,一般而言,城
邦中的管理阶层人员应该共有妻子、孩子与财产(见《王制》
4.423e－424a,5.449a－466d)。由于现代世界大同主义的兴
起,亚里士多德的观点仍显得符合时宜。值得注意的是,亚里士
多德并未提及无限制的私有制。他仅考虑了三种可能的规划:
第一,共同拥有、共同使用;第二,共同拥有、私人使用;第三,私
人拥有、共同使用。亚里士多德省掉了第四种选择,即私人拥
有、私人使用。他批评第一种安排,并将第一、二种方式均归咎
于柏拉图,又为第三种方式辩护,表示"现行的分配,如果按照
良好的习俗和法律加以改进,则会好得多"(5.1263 a22－3)。

亚里士多德认为,第三种方式更有优势,原因有五:一、它会
更少地滋生争端和抱怨;二、倡导(人们)小心对待财产;三、由
于共同使用而增进友谊;四、由于私人拥有而有助于自爱的自然
快乐;五、使慷慨助人等道德实践成为可能(1263a8－b38)。关
于个人的家庭,亚里士多德也提出类似的看法。父母更爱护自
己的子女,照料被认为属于自己的子女(以个人而非集体的方
式),婚姻让民人自制而不会侵犯他人的妻子。

但亚里士多德的反对并未完全展开。他想当然地认为,友
谊、慷慨之类的德性建立在私有制之上。柏拉图的思想明显不
同。亚里士多德也假设,道德的教育可以消除私有制所带来的
不好趋向。那么,柏拉图为什么不就公有制所带来的消极趋向
提出相似论点呢?此外,柏拉图或许也认为,自然的自爱(nat-

ural self – love)也可由教育转变为利他主义(altruism)。然而，亚里士多德清楚地解释了关于世界大同主义与私有主义的争论中心的基本问题。他认为，比起公有财产，个人更能管理好私有产业。这一观点的提出似乎先于现代经济学家，后者认为，私有化促使个人更有效地使用财产。人们使用私有财产时，个人变得"内在化(internalized)"，能够最大限度地考虑使用财产的益处与损失。财产完全共有会致使挥霍无度、乱用滥用，或者不计后果地使用，最终导致"悲剧"。

整个城邦政体的幸福

亚里士多德同样驳斥了苏格拉底在《王制》中关于幸福的构想：

> 再次，他剥夺了武士的幸福，并说立法者应当为整个城邦谋幸福。但是，如果整个城邦的大多数，或所有人，或某些人没有享受到幸福，整个城邦就不可能有幸福可言。在这方面幸福与数目中的偶数原则不同，偶数只能存在于总数中，在总数的各部分中就不存在了。幸福并不是这样。如果武士们无幸福可言，那谁又会幸福呢？当然工匠或其他庶民也不会。有关苏格拉底所倡导的政体的种种疑难我们就举出这些例子，此外还有其他一些同样重大的疑难问题我们就不多说了。(《政治学》2.5.1264b15 – 24)

就苏格拉底提到的"我们的目的是看到城邦作为整体，享受极大的幸福"(《王制》4.419a1 – 421c6, 亦参 5.465e4 –

466a6），亚里士多德也做出了极概括性的论述。苏格拉底举出给塑像上彩的例子来证实自己的观点：

> 令人敬佩的人，请你别认为我们必须把眼睛描绘得如此漂亮，以致它们不再像眼睛，其他部分也如此，相反，请你仔细观察我们是否加上了与各个部分相称的颜料，美化了整体。（《王制》卷4，420d1－5）。[①]

但是，柏拉图的拥护者声称（包括弗拉斯托斯［Vlastos］和安纳斯［Annas］），苏格拉底仅仅表示，法律不能以牺牲某一群体的幸福为代价而为另一特定群体服务（参5.466a2－6，7.519e1－520a1）。

哲人王

令人感到意外的是，柏拉图把哲人王视为理想政体的关键（5.473d3－5），而亚里士多德却忽略了这一点，不过，我们可以由亚里士多德的其他言论总结他对此的反对。在《王制》中，统治者亦是匠人，要求具备形式（Forms）的哲学知识——这种形式超越样式（patterns）或模式（models），以定义事物的本质，并为事物提供关于完美的客观标准。忽略这种形式的统治者如同失明的画家，

---

① ［译按］中译文参柏拉图，《理想国》，王扬译，北京：华夏出版社，2012，页130。以下译文均参此版，不再注明。

那些对每一存在的事物缺乏认识的人和瞎子难道有什么区别,他们在自己的灵魂中并没有清晰可见的模式,不能像画家那样看到最真实的物体,一贯能在那里得到参考,并且能以最大的精确度观察它,正因这样,他们不能在这里确立关于什么是美、什么是正义、什么是高尚的标准,如果它们必须得到确立,即使确立了,他们也不能看守好它们。(6.484c7 – d3)

善的形式(Forms of the Good)也很重要。

你们每一个人必须轮流下去和其余的那些人住到一起,必须使自己习惯于观察那些朦胧不清的东西。因为,一经习惯,你们就会远远比那里的人们看得更清楚,并且会知道那里的各种图像是什么、代表什么,因为你们看到过优秀的东西、正义的东西和美好的东西的真正面目。(7.520c)

苏格拉底认为理想城邦自身可能存在于这种形式的领域之中:

太空中也许屹立着一个典范,它为某个想看到它、看到它后又想让自己定居于此的人而存在。(9.592b)

亚里士多德可能对此无动于衷。按亚里士多德关于善的形式的哲学知识,即使果真如此,也不会在任何领域产生什么专门知识:

所有的科学都在追求某种善,并对其不足之处加以充实,而把善自身摆在一边。由于它的帮助是如此微不足道,也就无怪技术家们对它全然无知,而不去寻求善自身了。谁也说不清,知道了这个善自身,对一位织工,对一个木匠的技术有什么帮助;或者一旦树立了善的理念,一位将军将如何成为更好的将军,一个医生如何成为更好的医生。(《尼各马可伦理学》1.6.1096b31 – 1097a11)

相似的,善的形式的知识过于抽象,难以在伦理学或政治学中提供引导。亚里士多德区分了理论智慧(sophia)与实践智慧(phronêsis),前者表达于哲人们关于永恒现实的展示中,而后者表述于关于某事的行为对于人类而言是好是坏的思索中。哲学属于前者而非后者;政治科学属于后者而非前者。尽管理想的城邦需要明智的统治者,但这些统治者不必成为哲人。

亚里士多德对《王制》的批判引发了不同的反响。有些人认为亚里士多德见解深刻,卓尔不群,而有些人觉得亚里士多德对柏拉图刻薄无情,有时直接造成误解。我们应当批判性地、仔细地阅读亚里士多德对柏拉图的反对(关于亚里士多德的立场,艾尔文和桑德斯[Saunders]持反对态度,梅休[Mayhew]与斯塔雷[Stalley]持支持态度)。

对柏拉图《法义》的批判

亚里士多德对这篇对话的分析很简略。但他犯了明显错误:比如,他误以为苏格拉底是主要谈话者(除非认为苏格拉底假借雅典异乡人身份),且认为《法义》提出了如下观点:最好的政体是民主政体(democracy)和僭主政体(tyranny)的综合(2.6.1266a1

-2)。比起自己的论述观点(比如给出建议,规定每一民人有两幢分离的房产[参1265b21-6和7.10.1330a14-15]),亚里士多德更支持《法义》中的主张。他认为,相比起《王制》,《法义》提出了另一种次好的政体(2.6.1265a1-10),但同时也指出,因为过于接近柏拉图的理想政体,推行这种政体必定会失败,最终重蹈《王制》的覆辙,例如,

> 民众五千之众,这样多的人无所事事,再加上他们的妻子及其仆从,这样人数又会是原来的数倍,这就得需要一个像巴比伦那样大的地域,或其他广阔的地区。在设定一个理想时人们可以先提出自己所欲望的事物,但对于不可能的事情则应避开。(1265a14-18;参桑德斯,1995:126-35,文中论及了亚里士多德批判的微瑕之处。)

对卡尔克冬人法勒亚的批判

法勒亚与柏拉图是同时代人,他创制出此种政体:在这种政体之下,所有民人都有同等的产业。此政体可在新城邦执行;在建好的城邦内实现此政体,则可要求富户出妆奁而不受嫁妆,寒门则相反,只受妆奁而不出嫁妆。亚里士多德指出,法勒亚忽视了本可预料到的问题。倘使小康家庭生育子女过多,就会有一部分人陷于穷困境地,于是,这部分人将起而反叛(2.7.1266b28-31)。亚里士多德也反对简单地平均财富,这不能保证城邦的稳定,因为人人都追求荣誉与政治权力,如同追求财产一样(1266b28-31)。亚里士多德指责法勒亚忽略了文化以及道德

教育在维护正义、和平方面的作用。当然,在亚里士多德本人的理想政体中,教育至关重要。

对米利都人希珀达摩斯的批判

亚里士多德认为,希珀达摩斯(生于公元前 500 年左右)是没有从政实践,但提出最优良城邦制度的第一人。或许,希珀达摩斯受毕达哥拉斯学派"尚三"影响:将城邦民人分为三个阶级(工匠、农民和战士);把产业分为三部分(祀庙、公有和私有);还将法律分为三类(侮辱、伤害和杀人)。亚里士多德批评,将民人划分为三个等级不切实际。因为农民没有武装,而工匠则既无武器,又无土地,所以他们实则成为战士阶级的奴隶。

> 他们分享一切官位的权利完全是不可能的;因为将军、卫士以及几乎所有重要的行政官员都是从有武器的人中选拔出来。(2.8.1268a20 – 23)

即使在理想政体中,武装力量也不能与政治力量分开。对于提出实际政治改革的人,希珀达摩斯希望授予其荣誉。亚里士多德认为此观点将带来危险的后果。尽管亚里士多德赞同,有时某些法律需要加以调整,但合法的变动范围应较小。若时常改动法律,人们便将轻视法律。

> 法律无法强迫人们顺从,只有习惯才能这样。而这只能通过长时间的变化才能达到,所以,不断地变旧法为新法会削弱法律的威力。(1269a20 – 24)

最好的政体须确保持续性和稳定性。理想政体的理论不应忽视不可避免的人类心理事实。

亚里士多德的理想城邦

尽管《尼各马可伦理学》10.9.1181b15－23暗示,对实际政体的研究,提供了研究理想政体的基础,但我们很难找到这两者之间的联系。《政治学》3.7做了规范的划分——究竟哪个政体为正宗(例如,公正的和顾及公众利益的政体),谁为变异政体(例如偏私的和只顾及统治者利益的政体),以及是否存在一人、少数人、多数人的统治。

表34.1　亚里士多德对政体的划分

	正宗	变异
一人统治	君主政体	僭主政体
少数人统治	贵族政体	寡头政体
多数人统治	共和政体	民主政体

《政治学》4.2将政体从至优到至劣一一排列,如此形成一种假设,即正宗政体有贤良的统治者,变异政体有专暴的统治者,而贤良和专暴的性质一旦成为多数就会稀释减弱。所以君主政体的领袖便最贤良、"最神圣(most divine)",而僭主政体的领袖则"最邪恶(worst)"。政体从至劣到至优的等级排列如下:

僭主政体→寡头政体→民主政体→共和政体→贵族政体→君主政体

人们认为,卷四中这种最开始的分法过于粗略,因为,一个鄙陋之人在民主政体这种极端政体下任意操控法律,比起少数人在寡头政体这种中间政体下依法行事来,情况更为糟糕。亚里士多德最终认为,城邦政体应当是一种混合政体,例如,结合不同政体特点的某种政体。此种政体应当兼顾富人与穷人的政治权利(参4.8.1294a－29)。混合政体基于自由出身、财富和德性,将民人身份和公职分派给不同的人群,而这种政体被称为贵族政体;但这种政体只是"所谓的贵族政体",因为统治者不一定是真正有德性的。这样一来,我们便得出以下更为复杂的政体划分:

极端的民主政体→中等的民主政体 ↘　共和政体→贵族政体→君主
极端的寡头政体→中等的寡头政体 ↗　政体

卷七至卷八中谈论的理想政体,究竟与上述哪一类政体契合,仍然让人难以参透。尽管亚里士多德在卷七第一章中称这种理想的城邦为"最好的政体",但他却在卷四第二章里将君主政体归为"首要和最神圣的"政体。在7.14.1332b16－23中,亚里士多德承认君主政体更好,同时补充认为君主政体"不易设定",因为统治者必须"如同神和英雄一般"(参3.13.1284a10－11)。这暗示,如果存在神一般的统治人物,那么君主政体就是最完美的政体,但对普通人而言,最理想的政体出现在卷七至卷八中。但是,若理想政体达不到君主政体的条件,就会成为贵族政体或是共和政体吗? 成为前者似乎不大可能,因为在此政体中所有民人都是统治者。这达不到贵族政体定义的要求:比如,少数统治者要以所有民人的利益为目标。因为相对而言,民人

数量较多,一些评论者认为理想的政体必然是共和政体。但是,共和政体人口过多,而不易成为可行的理想政体(参上文对柏拉图《法义》的批判)。同时,共和政体下的民人"军事性"的德性层级较低(3.7.1279b1－2)。因此,与卷四第十一章中的理想政体相对比,共和政体被描述为"中间政体"。所以,卷七与卷八中的理想政体似乎混合了贵族政体和共和政体,而不是与这两种政体一模一样(参卡恩[Kahn],基特[Keyt]和贝茨[Bates]对此问题的讨论)。

亚里士多德所提出的理想政体分为以下部分:民人最好的生活方式(卷七,章1至3);人口、领土和居住地(卷七,章4至7);社会等级和政治制度(卷七,章8至10);利于健康的规划(卷七,章11至12)及教育体制(卷7,章13至卷8,章4)。不幸的是,行文忽然脱落,下文原本要讨论的问题也没有写出。可能亚里士多德的理想城邦可以勉强阐释为三个方面:何种意义上,理想政体会以幸福为目标?何种意义上,理想政体才是正义的?非民人也能得到正义的对待吗?

理想城邦中的幸福

最完善的政体以幸福和有福的生活为目标。

> 此处暂且这样假定,最优良的生活对于个人或城邦共同体而言,是具备了足够的需用的德性以至于能够拥有适合于德性的行为的生活。(7.1.1323b40－1324a2;亦参1323b21－6;7.2.1324a24－5)

《政治学》把幸福解释为:"幸福在单纯的意义上而非相对于某一前提条件是德性的完满运用和实现活动。"(《政治学》7.13.1332a8)这一解释与《欧德谟伦理学》和《尼各马可伦理学》中的观点类似(参《尼各马可伦理学》1.7 1098a16 – 18,10.1101a14 – 16)。正如人们从亚里士多德有关伦理的著作中领会到的,这暗示了以幸福为目标的理想政体。《尼各马可伦理学》认为,沉思的生活,即理智的生活,是最幸福的生活,而实践德性的生活则只能算第二等的幸福。尽管评论家既否定最好的生活为亚里士多德所述的、纯粹智慧的生活,又反对最好的生活是结合沉思作为最佳构成部分的生活,但是有一点很清楚:缺乏哲学的生活是次等的生活,即使某人在政治领域不懈地实践德性,亦是如此。那么在亚里士多德的理想政体之下,民人会沉潜于哲学吗?

亚里士多德在《政治学》卷七(章1至2中)论述了最好的生活究竟是哲学上的生活,还是政治上的生活。他仅仅驳斥了普遍意义上关于上述两种生活的异议:政治生活牵涉不公之事,而哲学生活是消极的。此处,他并未得出结论认为哲学生活更好,也没有说纯粹政治的生活就略为逊色。在后面论述教育的文字中,亚里士多德暗示了,民人的理想生活既需要道德德性又需要哲学:

> 假如真有一些诗人们所描述的居住在"极乐群岛"上的人,他们会尤其需要哲学、节制和公正,愈是如此,他们愈是闲暇,其境遇也愈是优渥。由此清楚可见,要想成为一个幸福而善良的城邦,就必须要具备这些德性。(7.15.1334a31 – 6)

但评论家却不赞同亚里士多德这种关于哲学的描述。大多数评论家认为此处的"哲学"定义更宽、更广泛,音乐和诗歌等闲暇的活动就已符合定义(见索尔姆森[Solmsen]、洛德和克劳特[Kraut])。有些评论家称,此处的哲学包括沉思行为;严格来说,音乐是学习哲学的前提,而不是哲学的替代品(见迪皮尤[Depew])。亚里士多德对教育的讨论以音乐结尾,但是文中并没有交代,严格意义上的哲学是教学课程的一部分。假如亚里士多德的理想城邦推行的只是宽松意义上的哲学,那么,相较于《尼各马可伦理学》中的观点,城邦中民人的生活略次一等。不过,亚里士多德认为,即使最理想的情形之下,大多数民人的生活也不能比那略次一等更好。

理想政体中的正义

若亚里士多德所述的理想政体是正义的,那么这种政体必定会以共同利益为目标(《政治学》3. 7. 1279a28 – 31, 12. 1282 b16 – 18;《尼各马可伦理学》5. 1. 129b14 – 19, 8. 9. 1160a13 – 14)。但是,亚里士多德提及的共同利益(koinon sompheron)的含义是什么? 要充分了解这一说法,有两种迥然不同的途径。一是整全视角(holistic):全体民人的利益是整个城邦的利益,如同有机体的目标,既有别于个体成分的目标,也优于个体成分的目标;二是个体视角(individualistic):提升了全体民人的利益,就是提升了每一个体的目标。

就整全视角而言,个体在实质意义上没有任何权利。个人能否对政治职位或财产提出要求,要看他们能否将城邦目标提升到更高层次。正如前文所言,亚里士多德认为柏拉图的理想城邦过于全面化,所以批判了柏拉图的看法。但亚里士多德自己又怎么考虑个人的幸福呢?政体中(例如政治权,财产权,受教育权)民人享有权利(如正当的要求)吗?还是在较为模糊的意义下,民人才仅能"在政体中共享权利"?(相反的释义,参米勒[Miller]和斯科菲尔德[Schofield])

要解决这个问题,重要的是要注意全体民人的利益可以用两种方法理解:

一、总体的利益。只有当某些民人(比如大多数)快乐时,整个城邦才是快乐的。

二、相互的利益。只有当每位民人都快乐时,整个城邦才是快乐的。

因为总体的利益允许权衡,也就是说,如果某些人为了促进他人获得利益而牺牲自己的基本利益,并不与个人权利有深刻的关联。但另一方面,相互的利益要求利用政体保证每一个人的幸福。所以,亚里士多德关于理想政体的构想是否承认个人的权利,在于此政体是否促进了相互的利益。

有证据证实,实际上,亚里士多德所说的最完善的政体以相互的利益为目的。他说道:"显而易见,最优秀的政体必然是这样一种体制,遵从它人们能够有最善良的行为和最快乐的生活。"(2. 2. 1324a23 – 5)"无论是谁"(hostisoun)这一语词暗示所有民人都应享受幸福生活。此外,在最完善的政体之下,民人都是真正的城邦成员,而不是一种附属品,奴隶般的、粗野的工作者一样(参7. 8. 1328a21 – 5)。若民人只是发挥必要的职能,那么,他们就与那些附属品毫无差别(参4. 4. 1291a24 – 28)。良善的民人也必须响应城邦的最终目标(7. 8. 1328a25 – 33, b4

－5）。年轻力壮时,民人应当为军人;年高明理时,民人则可担任政治职位。所以,亚里士多德在解决此问题上达到了一箭双雕之目的。他以分散正义的方法,避免将政治权威与军事力量疏远:

> 把城邦的这两种权利分配给年龄高低的两组人,最为合宜。这既合宜,也理所当然。(7.9.1328b16－17)

亚里士多德将城邦描述为:"瞄向最优生活的相似之人组成的共同体。"(7.8.1328a35－6)亚里士多德暗示所有城邦内的真正成员(如民人)要参与到城邦的目标之中。这一点在普遍的财产权利的陈述之中得到明确表达:"一个城邦任何一部分不具备德性都不能称为幸福之邦,而必须以全体公民为准。"(7.9.1329 a23－24)所以,相互的利益得以佐证。

另外,亚里士多德在讨论教育之前,制定出一项规定来引导最完善组织的基本方向:

> 然而,城邦的善良却与命运无关,而是在于知识与意愿。要想成为一个善良之邦,参加城邦政体的公民就必须是善良的。而在我们的城邦,所有的公民都参加了本邦的政体。应该考察,一个人怎样才能变得善良。因为可以设想一个城邦的公民整体上是善良的,但并非每个公民都是善良的,但还是后一种情况更为可取,因为整体的善跟随个人的善。(13.1332a32－38)

如此,亚里士多德便区分了两项引导立法者的原则:

> 所有的民人(从整体的概念讲)都应具备善德。
> 每一位民人(作为单一个体)都应具备善德。

从逻辑上讲,"每一位"比"所有的"更重要,因为"每一位"需要"所有的",而非相反的情况。因为"所有的"可与总体的利益共存,即在城邦事务中,可以为提升大多数民人的幸福感而牺牲某些民人的利益。"每一位"有赖于相互利益,即提高每一位民人的善德。"每一位"的原则值得优先考虑,它排除了另一理解,即民人在较弱的意义上共享共同利益,比如某些民人只是受益于他人的善德,而非自己具备善德。

既然如此,亚里士多德坚持认为,所有民人都应在共同的教育体制下接受教育(《政治学》8.1.1337a27 – 32)。但是,亚里士多德并未将前提设定为每一位民人有权受到公平教育,而是设定为每一民人都是城邦的一部分,所以每一民人不仅属于自己,还属于整座城邦。所以,对每一民人的照料目标自然就在于对作为整体城邦的照料。这一说法很合理,暗示了民人如同政治有机体的器官。

但亚里士多德提到,就某种特定意义而言,民人是城邦的一部分:民人作为城邦的成员,直接参与到城邦之最终目的中,而不是作为有机体的某一器官,仅仅为有机体的更高目标发挥其附属功能。如此,亚里士多德的言论与相互利益一致。因为人的本质是政治性的动物,彼此互相依赖,为实现全面发展需要接受教育(参《政治学》1.2)。民人在接受养育教导的时候不应与他人相互隔绝;他们需要的是所有人受到共同教育的教育体系(对比1.13.1260b8 – 20)。在这种意义上,对每一人的照料目的是实现对整体民人的照料:全体为个人,个人为全体。于是,无论父母持何种想法,均无法免除抚育孩子的职责。父母定要遵守关于教育孩子的法律与习惯。确实,公职人员或许会用许多方式干预民人的个人行为,或家庭事务,包括婚姻制度。尽管亚里士多德描述的最完善的政体中，民人享有权利，但这些权利不同于现代自由主义理论家声称的权利。

非民人是否受到公正待遇？

亚里士多德的理想政体因整个体制对非民人不公而时常受到批判。泰勒这样看待理想的民人：

> 他们组成了一个具有开拓精神的精英集团，是一个相互受益的集体（community of free‑riders），他们有机会、有能力追寻美好的生活，因为其他人自愿放弃那种追求。

一些评论家（例如尼科尔斯［Nichols］）发现亚里士多德的理想政体中的不公之处如此恶劣，以至于他们认为，亚里士多德是假意提出"最完善"的政体，实则意在反讽。或许，亚里士多德忽略了这一严肃问题，因为在其观念当中，政治上的公正仅用于民人身上，而不适用于［城邦的］附属物，其中包括奴隶。

亚里士多德认为天生的奴隶是次等生物，无力参与政治生活，因为他们既不能享受幸福，又不能过上慎重选择的生活（3.9.1280a31－4）。这类人包括非希腊人，即理智不足的人（欧洲人）和精神不足的人（亚细亚人，参7.7.1327b23－38）。理想城邦或许会发动战争，俘获蛮族人，他们理应成为奴隶（14.1334a1－2）。在《政治学》卷一中，亚里士多德提出了一个难以置信的观点：对天生的奴隶加以统治对奴隶而言是正义而有益的。亚里士多德说，"理想地讲"农民应为奴隶，次好的选择则是让蛮族的农奴从事农业：

根据先前提到的理由,……将在后面论述,应当如何使用奴隶,以及为何对表现较好的奴隶要给予自由作为奖赏。(7. 10. 1330a25 – 33)

很不幸,这一令人费解的前提在《政治学》中均无法满足。

另一问题涉及这些粗俗的人(banausoi)受到的待遇。亚里士多德的理想民人不会从事粗俗的职业,因为这种生活方式是低贱的,有悖于德性。所以,尽管城邦需要粗俗的工作者,但他们不应享有政治权利(7. 9. 1328b37 – 40, 1329a19 – 21;参 3. 5. 1278a8 – 11, 17 – 21 和 4. 4 1291a1 – 2)。粗俗之人遭受"一种界定清楚的奴隶制度",过着一种低贱的生活,与德性背道而驰(1. 13. 1260b1, 7. 9. 1328b40 – 1)。这产生了另一个问题,若这些粗俗的工作者天生是自由的,却被迫从事卑贱的工作,那又会如何。因为按照亚里士多德自己提出的准则来看,利用这些人并非公正之举(参安纳斯[Annas], 1996)。但亚里士多德是否认为理想城邦中粗俗的工作者天生是自由的,从文中还不得而知。亚里士多德写道:"一类是工匠、雇工和其他诸如此类的鄙俗之人,……这些音乐应当投合他们偏离了自然状态的灵魂。"(8. 7. 1342a18 – 25)如果这些人生来如此,他们就会被视为天生的奴隶,否则他们就是遭受不公正压迫的下层阶级。

最后,在亚里士多德的理想政体中,女性民人没有任何政治权利。除婚姻和生育子女之外,亚里士多德几乎没有提到女性其他方面的权利。亚里士多德推行一种道德教育,但他又持有一种臭名昭著的观点,即认为女性的思索能力"缺乏根据"(1. 13. 1260 a13 – 20)。《王制》建议,女性与男性的生活相同,这主要基于与野兽的生活相比,但亚里士多德嘲讽这一观点道:

"这也是很荒谬的,即把人和动物进行类比,……因为动物根本就不需要料理家务。"(2.5.1264 b4 –6)许多评论家对此不以为意,认为非民人受到的待遇只是亚里士多德理想政体中一点遗憾的瑕疵而已。

亚里士多德理想学说留下的财富

亚里士多德为后来关于理想的政治学说做出了两项主要贡献。第一是一条准则:理想城邦应当以人类的完善为目的:"因为对于每一个人来说,他最愿选取的东西往往就是他造诣最深的东西。"(参 7.14.1333a29 –30)

人类的完善包括人类能力的积极发展和人性卓砾之处。自我发展或自我实现,作为社会、政治目标,在现代政治意识形态的广阔范围中十分普遍,从马克思(Marx)到米尔(Mill)和洪堡(Humboldt)都是如此。这在罗尔斯(John Rawls)的亚里士多德原则(Aristotelian Principle)的概念中亦得到承认。第二是亚里士多德对柏拉图的整全理想学说提出了不同的言论。策勒(Zeller)诠释得很好:

> 在政治学中,就像在形而上学中一样,在柏拉图那里,中心点是普遍,在亚里士多德那里,中心点则是个别。前者要求应实现整体目的,所以忽视了个人的利益;后者则关注每一个体利益的满足,也使其满足有了真正的理由。

亚里士多德论较优与稍逊、正确与错误的政体

福滕堡(William W. Fortenbaugh) 著

符雪茹 崔崑 译

在《政治学》3.1 中,亚里士多德首次尝试定义民人(1275a22 – 34),接着思考民人与政体之间的关系。他的陈述虽然简短,但总体观点清晰明了。民人这一概念取决于政体的概念。既然政体不仅类别不一,或较优,或稍逊,各不相同(正确的政体是较优的,而错误的、不合理的则是稍逊的),因而不存在一个单一的、普遍的民人概念(1275a35 – b57)。对于这个结论,笔者无意争辩。此处所要做的是专注于较优的和稍逊的政体,也就是亚里士多德所说的正确的与错误的政体。因为学者们通常不理解这种较优与稍逊,而且无论如何,他们未谈及的那些事物于笔者看来,既富有哲学趣味,亦无比重要。

本文第一节将简要反驳那些对政体的较优性和稍逊性所作的通俗解读。第二节,笔者将指出,就政体与数字、图形和心理能力所做的比较所起作用不大,却易造成误导。第三节,笔者将论及柏拉图的《法义》,并借此表明,若将亚里士多德的分析视为对劝诱性定义的拒斥,则能更准确地加以理解。在最后第四节中,笔者将关注的亚里士多德的文本,不仅能展现亚里士多德分析的规范性,还要能体现出他对逻辑层级的非凡见解。

一 世俗的解释

我们可以从最近的文献中提出的解释入手以提出反对。① 这个观点认为，《政治学》3.1 提到的较优与稍逊的政体是可以在世间建立起来的。乍一看，此解释似乎颇有吸引力。因为亚里士多德不仅把"较优"政体描述为最重要且最合适的政体(*Cat.* 12. 14a26 – 8),②而且其论及城邦的方式,也鼓励读者对政治目的和政体安排作历时性解释(1. 2. 1252a24 – 1253a39,3. 6. 1278b15 – 30)。共同的善被认为可使人们聚集在一起,而共同的善正是正确政体要达到的目标(1279a17 – 20)。于是,我们容易得出结论,认为正确的政体在现世中较优,原因在于对联合与共同的善有着自然、原始的本能。变异政体只有在共同的善的动机消失之后才会

---

① Cf. E. Braun, *Das dritte Bush der aristotelischen "politik,"* Vienna, 1965,pp. 20 – 22,54 – 60.

② 严格地说,亚里士多德把 proteron 的实行描述为最重要且最合适的。不仅如此,在本文段和本书中,笔者经常用英文替换与之相对应的亚里士多德文本中的希腊文。这样的替换出于两个考虑。其一,我想让不懂希腊文的读者读懂文中的论述。其二,所讨论的问题绝大多数不依赖于希腊语。这些问题都可以用相对应的英语进行探讨;事实上,这些问题不管是对于今天的我们,或是对于公元前 4 世纪的古希腊人都一样密切相关。

出现。①

　　这个解释初听上去合理，但终要被否定。《政治学》3.1 对较优与稍逊政体的介绍不是基于城邦的起源理论，这种起源理论的史实性仍值得探讨，并且此理论与随后 3.1 中讨论的联系仍不太清楚。因为亚里士多德意图论及的内容，包括从较优与稍逊的政体到单一、共同种类的缺失。针对这个目的，历史的细节问题就不大相关。比如说，在历史上，僭政的出现在君主制之后（kingship，参 3.15.1286b16 - 17 与 5.10.1310b18 - 20，修昔底德《伯罗奔半岛战争志》1.13.1），但是，这段历史本身将君主制与僭主制共同并列于君主政体之下。另外，《政治学》卷三几乎没有涉及现有的次序；就算有所涉及，顺序也并非一定为从正确政体到错误政体（3.15.1286b8 - 22；对比 4.11.1296 a1 - 5，13.1297b16 - 28；5.1.1301b6 - 10，12.1316a29 - 34）。即便是在《伦理学》强调从正确到错误政体顺序的章节中（《尼各马可伦理学》8.10.1160b10 - 17），亚里士多德也很谨慎，绝口不提此顺序应一成不变。只是这种次序尤其常见，因为它涉及的变化最少，也最简单（1.60b21 - 2）。我们应该得出这样的结论，现有的次序不是亚里士多德思考的中心，并且对此应另做解释。

---

① Cf. E. Braun, *Das dritte Bush der aristotelischen "politik,"* pp. 59 - 60；Cf. E. Barker, *The Political Thought of Plato and Aristotle*, New York, 1959, pp. 310 - 311，在这段评论中，涉及历时性次序的内容，与对较优与稍逊的政体的分析分隔开来。

二　数字、图形与心理能力的对比

在《政治学》3.1 中,亚里士多德有意识地用到这样一条总体规律,即不管事物在何时形成一个系列,总有事物先出现,另一个事物第二出现,如此等等,但没有或几乎没有任何事物会与这些事物相同(1275a35 – 8)。① 因此,学者们很快就根据数字、图形和心理能力来将这些政体进行分类,因为亚里士多德认为这些类别形成了一个系列,却缺少合适的属(genus)。在《形而上学》中,亚里士多德争论道,数字和图形都不会脱离特定的数字与图形而存在,因为无论何时事物形成有序的序列,其所断定所属的事物不会与其自身相异(3.3.999a6 – 10)。② 同样,在《论灵魂》(*De Anima*)中,亚里士多德认为三角形、四边形等图形之外并无图形,而且营养、感情和智慧的功能之外并无灵魂

---

① 　3.1.1275a38 中增加的有关 glischros 的内容可能不重要。它似乎增加了文章的不确定性,并可与《物理学》5.3.2266b27 – 8 和《论灵魂》3.3.428b19 中增加的相似内容进行比较。参 William W. Fortenbaugh,*Aristotle on Emotion*,London,1975,p. 47,no. 2。

② 　不同的作者用不同的形式分类。如参 W. L. Newsman,*The Politics of Aristotle* I,Oxford,1887,p. 242;J. Cook Wilson,"On the Plantonist Doctrine of the *asymbletoi aritmoi*," *Classical Review*,18,1904,p. 256;H. H. Jeuchim,*Aristotle*,*The Nicomachean Ethics*,D. Rees edited,Oxford,1955,p. 38;W. D. Ross,*Aristotle's Metaphysics I*,Oxford,1958,p. 237;以及 D. W. Hamlyn,*Aristotle's De Anima*,Oxford,1968,p. 94;以下章节,笔者不会单独地讨论这些学者。笔者仅关心这个不断加深的印象,即较优的政体和稍逊的政体可以通过参照数字、图形和心理能力而得以全面清楚说明。

(2.3.414b20－22)。① 这里让笔者感兴趣的是,亚里士多德没有把政体与数字、图形和心理能力联系起来。笔者不想表明,亚里士多德没有提及政体是因为他认为政体不能与数字、图形和心理能力归在同组,被视为有序却缺少合适的属。但笔者的确想表明较优与稍逊的政体在某些方面不同。在《政治学》中,亚里士多德采纳建议,不会参照数字、图形和心理能力来说明较优与稍逊的政体,因为这样做可能会导致以下不幸的后果,即会忽略共享问题,但该问题对全面理解亚里士多德有关正确与错误政体的评价至关重要。

一个相对浅显的区别是,尽管数字、图形和心理能力形成单一系列,其中每个组成成员与其他成员的关系或较优或稍逊,而《政治学》3.1所呈现的政体却不会形成这样的单一系列。② 取而代之的是,这些政体被分成三类:君主制和僭主制、贵族制和寡头制、共和制和民主制。每类都包含较优的政体和稍逊的政体,因为每类都是由一个正确的政体和一个错误的政体组成的。但各类之间就没有较优与稍逊的政体之分,所以君主制、贵族制和共和制并列,成为正确政体类别——也就是,瞄准共同利益的

① 在其他文本中,关注《形而上学》3.3.999a6－10与《论灵魂》2.3.414b20－32的区别或许至关重要。洛伊德曾做了有趣的评论,参A. C. Lloyd, "Genus, Species and Ordered Series in Aristotle," *Phronesis* 7, 1962, p. 67－90。

② 《政治学》3.6－8可以增加到卷3.1中,但无论如何,笔者均谨慎地认为,在3.6－8中亚里士多德从不同的角度,把正确的政体与不正确的政体整理在一个系列中。详下,第4节。

政治体制的那一类(1279a17 – 18)。①

　　接下来,我们的描述会更复杂,并且应该认识到在不同文本中,亚里士多德会评价并整理正确的政体,所以最终上述六个政体都会在单个系列中占有一席之地。但当下我们应该进一步了解那被认为相对浅显的区别,并注意到这个区别是基于亚里士多德目的论这一基础。对亚里士多德而言,政体本质上是目的性的,并且恰当地指向一个特定的目标或宗旨(telos,4. 1. 1289a17;对比 3. 6. 1278b23,9. 1280b39)。在数字和图形中,目的论并非如此。在心理能力的例子中,目的论是重要的;有趣的是,亚里士多德在给重要功能命名时,他遵循了一条原则,即所有事物都合理地根据目的来命名(《论灵魂》2. 4. 416b23 – 5)。但在心理学中,目的论是用来区分而不是整合这些能力的,这些能力按照自然次序(scala naturae)进行排序。这与政治领域的情况不同,政治领域中共同善的目的是为了用"正确政体"的标签整合三个不同的政体。

　　政体与数字、图形和心理能力之间更深的区别涉及价值的优先性问题。在《范畴篇》(*Categories*)中,亚里士多德认识到"较优"经常在评价的意义上使用(12. 14b4 – 8),而在《形而上

---

①　包含正确政体和错误政体的种类会形成有序的类别,这个想法可能会遭到反对,因为它们数量不同,君主制和僭主制是一个人的统治,贵族制和寡头制是少数人的统治,而共和制和民主制则是大多数人的统治。但这个反对理由似乎没有考虑到,在一些情况下,亚里士多德认为数字不是重要的特点。至少,亚里士多德曾特地说明寡头制和民主制都只是碰巧成为少数人的统治和大多数人的统治(3. 8),并且在讨论共和制时,他关注的是中产阶级与富人、穷人的对比(4. 11. 1295b1 – 3)。参 E. Barker,*The Political Thought of Plato and Aristotle*,p. 312。

学》中,亚里士多德说较好的总是优于较差的,无法划定种属
(3.3.999a13 - 14)。在政体中,这一认识的应用也非常明显。
正确政体比错误政体的价值高,因为正确政体有正确的目标,并
遵守简单的正义(3.6.1279a17 - 19)。错误的政体是变异,也可
以称作专制统治,因为这样的政体漠视自由人的利益(1279a19 -
21)。这些政体坏而不好,因此评为"稍逊"的政体。这样的说
法对数字和图形不适用,即便亚里士多德想把智慧评价得比情
感高,而二者又比滋养和再创造的能力更有价值,他也不会说次
等的能力就是变异,这违背了简单的正义。变异的政体肯定是
坏的。低等的心理能力本身不坏,虽然它们会导致麻烦,又全然
缺少智慧。

　　最后一点是概念性区别。错误政体稍逊,不仅因为它们有
负面价值,而且因为它们是与正确的政体相对而言的。我们可
对勘《欧德谟伦理学》,在此文中,主要问题均与定义相关。"外
科医生"被认为优于"外科手术的工具",因为前者的逻各斯
(logos)或定义暗含于或被提及于后者的逻各斯中,而非相反
(7.2.1236a17 - 22)。这样看来,正确政体较优,因为它在概念
上独立,而错误政体稍逊,因为它在概念上依赖于正确政体:僭
政(本质上)就是君主制的变体,寡头制是贵族制的变体,民主
制是共和制的变体(3.7.1279b4 - 6,4.2.1289a28 - 30;比较
《优》7.9.1241b32)。这种逻辑分析——通常称为焦点分
析——为《形而上学》的读者所熟知。① 亚里士多德运用这种分

---

　　① 有关焦点分析,参 G. E. L. Owen, "Logic and Metaphysics in Some
Earlier Works of Aristotle," in *Aristotle and Plato in the Mid - Fourth Century*,
edited by Düring and Owen, Göteborg, 1960, p. 163 - 190。

析,用它来解释事物的优先性(4.2.1003a33 – b10,7.1.1028 a34 – 6)。亚里士多德没有在数字、图形和心理能力方面建立起较优或稍逊的级别。数字"2"较优,不是因为它在概念上不依赖其他数字,而是因为它位于其他数字之前(《形而上学》3.3.999a8),也就是说,在一组自然数中处于最靠前的位置。这是一个逐渐发展且开放式的系列,只要该系列的任一成员得以理解,那么这一系列的后续规律就能被理解了。在焦点系列的情况中,并无此要求。我们可以在不理解"外科手术工具"的情况下,理解并定义"外科医生"(《优》7.2.1236a22),并且还可以在并不确定这种特别焦点系列怎样展开的情况下,定义"外科医生"和"外科手术工具"。

亚里士多德有关图形与心理能力(《论灵魂》2.3.414b20 – 32)的对比本身相当有趣,但在此文中,我们可以把讨论仅限于这样的事实,即亚里士多德没有引入焦点分析来解释此系列的顺序,这个顺序标志着不同类别的图形和心理能力。相反,他谈到较优政体通常潜于稍逊政体中(414b29 – 30),并用这种方式传达出一个重要区别。显然的事实是,任一四边形都可以分为两个三角形,而情感却无法脱离滋养能力而存在,这则是实践观察的问题。① 当然,我们或许可以形成灵魂的概念,这样,

---

① 参 Sir David Ross, *Aristotle*, *De Anima*, Oxford, 1961, p. 224。在此,须提出两个警告:第一,亚里士多德或许承认心理研究需要观察,但仍旧声称所有建立起来的科学包括心理学,都能够并且应该用证明的方式说明;参 J. Barnes, "Aristotle's Theory of Demonstration," *Phronesis* 14, 1969, pp. 123 – 52, reprinted in *Articles on Aristotle*, edited by Barnes et al. London, 1975, pp. 65 – 87;第二,在指出高等心理能力更能体现低等心理能力的活动方面,心理能力与直线图形的对比可能非常有用。在很大程度上,正如

高等能力在逻辑上就暗示低等能力的存在,但亚里士多德没有这样做,不仅因为实际问题要通过观察加以正确解决(2.2.413a31 – b1),而且因为亚里士多德认为智识有独立存在的可能(413b 24 – 7,3.415a11 – 12)。这不是说亚里士多德对心理能力的分析没有逻辑关联。当亚里士多德单独考虑心理能力时,他告诉我们活动在逻辑上优于能力,而且目标也同样优于活动(2.4.415 a16 – 22)。换言之,目标在焦点系列,即目标 – 活动 – 能力中占优先地位,因此应最先恰当地研究目标(416a20,6.418a7 – 8)。① 在这些能力之间,亚里士多德没有试图建立一个焦点系列。亚里士多德最先谈论滋养的能力,是因为它最常见(2.4.415a24),而不是因为它的定义会在其他更高等能力的定义中被提及。

三角形事实上不会出现在四边形里一样,自我滋养能力和情感能力的简单表现在人类身上也同样罕见。人的智力似乎影响他做的每一件事,因此,只有在特殊(通常是垮掉)的情况下,我们才能把人类的行为简单地描述为滋养和食欲能力。约阿西姆(Joachim, *Aristotle*, *The Nicomachean Ethics*, pp. 38 – 39)的论述略显夸张,他认为低级要素会在含有高级要素的生物之中得到"本质性修正"。因为尽管人类在吸收营养的时候通常表现出智慧,但据说他们的滋养能力(对于所有生物来说)不仅共通且本质上是植物性的,还在睡眠中尤其活跃(《尼各马可伦理学》1. 13. 1102a32 – b5)。

① 笔者认为 trophê 在 416a20 中的意思与 416a22 中的意思相同,且笔者对 416a20 的解释参照了 415a21 和 6. 418a7 – 8。因此,相较于罗斯的翻译和哈姆林的翻译,笔者更倾向黑特的翻译,参 W. S. Hett, *Aristotle*: *On the Soul*, Loeb edition, London, 1975, p. 91;Sir David Ross, *Aristotle*, *De Anima*, Oxford, 1961, p. 226 and Hamlyn(above), p. 20。

三　柏拉图的法义

事实证明,亚里士多德对政体的分析与对数字、图形和心理能力的分析不同。这本身是有趣的,但如果我们想全面地理解亚里士多德有关正确政体优先性与错误政体稍逊性的讨论,那么,我们应该脱离数字、图形和心理能力的问题,而去考虑柏拉图《法义》4.712b8 – 715e2。因为在此我们发现雅典异乡人预先说出了许多亚里士多德的论述。① 异乡人认识到以下两种政体截然不同,即有益于所有民人的政体与专制的、奴役部分城邦的政体(《法义》4.713a1 – 2;对比《政治学》3.6.1279a20 – 1)。异乡人也把正确性与共同利益联系起来(《法义》4.715b3 – 4;对比《政治学》3.6.1279a17 – 20,13.1284b36 – 42),甚至以这样的方式论述,民人的概念有赖于政体的概念。因为异乡人首先决定不将"政体"的标签贴于那些政治安排之中,即它们不顾整个共同体的幸福(4.712e10,715b3),然后对"民人"的用法做同样的决定

---

①　参 Newman, *The Politics of Aristotle* I, pp. 215 – 216。亚里士多德深受《法义》4.712b8 – 715e2 的影响,这在笔者将要引用的文段中十分明显。在此,笔者仅增加以下内容,第一,亚里士多德谈及法律的护卫和仆人时(3.16.1287a21 – 2),内容似乎与《法义》714a2、715c73 相照应;第二,亚里士多德谈及法律与道德间关系的内容时(3.16.1287a29 – 30),似乎与《法义》714a2 相照应;第三,亚里士多德关心混合的政体,推崇斯巴达(4.7.1293b16,9.1294b19,对比 2.6.1265b35),这似乎部分是受《法义》712d2 – e9 的影响。

（715b5）。可以肯定的是，异乡人没有用亚里士多德的方式对概念性的依赖给出定义（3.1.1275a35－6），但他论证的方式肯定了亚里士多德式的论证方式。至少，他似乎承认这个规律，即并列部分（sustoicha）跟随并列部分（《论题篇》2.9.114a38－b1，3.3.118a35－6，7.3.153b25－6，8.1.156a27－30），即关于 politeia［政体］用法的决定会影响 polites［民人］的用法。

然而，在一个重要的方面，我们不能认为雅典异乡人预先讲出了亚里士多德的论述，即取消不以共同善为目标的组织而使用"政体"的标签。异乡人并未忽视这样的事实，即克莱尼阿斯和其他讲希腊语者使用"政体"一词，通常指不同的政治安排，包括民主制、寡头制、君主制和僭主制（4.712b8－c5）。尽管如此，异乡人决定限制"政体"这一术语的使用，以此方式尊重某种特殊政体，即考虑所有民人利益的政体。这就是史蒂文森（Stevenson）和其他现代哲学家在"劝导性定义"标题之下所讨论的内容。① 引入鲜见于诸种政体中的某些标志性事物，并非旨在分析其用法，而是为了引入一种特殊的政体，这大概是因为这种政体具备其他形式的政体所缺少的可取点。麻烦乃至错误的是，在推荐这种顾及所有民人利益的政体时，异乡人论证的方式没有清楚地区分以下两者，即建议我们如何有益地使用词语与说明我们事实上是如何使用这些词语的："那些我们刚刚命

---

① 参 C. L. Stevenson, *Ethics and Language*, New Haven, 1944, pp. 206－226；另参 R. Robinson, *Definition*, Oxford, 1950, pp. 165－170；斯蒂文森在一篇文章之中讨论了劝导性定义，参"Real Definition as the Adoption and Re-commendation of Ideals"。

名的(政治安排)并非政体而是方案。"(712e9－10)①直到讨论接近尾声,异乡人说话的方式才透露出他似乎在建议新的东西——"我们现在说的不会是政体"(715b2－3)。②

亚里士多德并不同意此限制性用法。他准备谈论政体的正确与错误形式,但他反对违反日常用语习惯,取消民主制、寡头制和僭政制的"政体"标签。相应地,亚里士多德的分析给政体的正确和错误形式留有空间,同时事实上他避免了语言学方面武断的决定。因为亚里士多德的分析不仅让政治组织的目标变得明显;而且清楚地阐明了民主制、寡头制和僭主制被称为政体的原因。本质上,他们是共和制、贵族制和君主制的变体,因此称他们为政体指的是这些正确、原始的形式。含混不清的现象有所改观,因此我们不会再听由雅典异乡人的分析。不管他的限制性用法会带来什么实际的政治收获,我们更倾向于追随亚里士多德,遵从日常用语的用法。③

─────────────

① 在此及段落末尾,英译文出自笔者自己。[译按]中译文直接译自英文。

② Nun[现在]一词在712e10似与在715b3的用法不同。在前面的文段中,nun是用来指前半页到712c3－4的内容(OCT版在712e10的标点正确)。在后一文段中,nun似乎不是指刚刚提及的事物,而是强调现在关于politerial[政体]用法的决定。

③ 亚里士多德在日常用语方面的兴趣是众所周知的,但或可于此语境中注意到,亚里士多德不仅主张在日常用语中广泛用"政体"指变态及正确的政体,而且亦用日常用语解释"政体"的狭义用法,即指共和政体的特定形式(1293a40;对比1297b24)。这不是要说明亚里士多德死板地受限于日常用语。在《伦理学》中,亚里士多德承认人们习惯用"政体"表示共和政体,但他仍提出将财权政治(timocratic)作为共和政体的合适称号(《尼各马可伦理学》8.10.1160a33－5)。

四 分层的逻辑与规范

亚里士多德对正确政体的优先性感兴趣,却并未因此对政体的其他分类方式视而不见。在《政治学》卷四中,亚里士多德表明人们承认两种基本政体——寡头制和民主制。据说,人们把贵族制归类为寡头制,把共和政体归于民主制,这种归类方式就好像人们总是把西风看作北风,把东风看作南风一样(4.3.1290a13－19)。在这一特别文段中,亚里士多德没有讲明人们选择寡头制和民主制作为基本政体的原因,但有两个原因显而易见。第一个原因在《政治学》后面的文段中有所暗示,即亚里士多德认为,由于富人与穷人为相互排斥的阶层,且此阶层划分与少数人和大多数人的对立同步,因此政体似乎可以分为寡头制和民主制(4.4.1291b7－13)。换言之,城邦内的大量团体会促使城邦被划分为寡头制和民主制。第二个原因暗含在风的类比中。《气象学》(*Meteorologica*)一书提到南风和北风最为常见(2.4.361a6)。这两种风最为盛行,而此事实似乎亦可解释为什么一些人把这两种风当作标准,把其他的风看作这两种风的变体。[1] 政体亦如此,出现的频率可以让寡头制和民主制成为基本的政体形式(4.11.1296a22－3,参5.1.1301b39－1302a2)。可以肯定的是,没有哪个正确形式政体能达到出现频率的标准。君主制和贵族制是许多城邦都没有的,同样遗憾的是,共和政体

---

① Cf. H. Rackham, *Aristotle*, *Politics*, Loeb edition, London, 1950, pp. 288－289, note a.

也极少出现(参4.11.1295a25 – 34,1296a37 – 40)。

亚里士多德承认寡头制和民主制的划分方式十分广泛(4.3.1290a22 – 4),但他同样清楚地表明,更真实、更好的方式是根据政体自身的结构加以划分,因此,最好将寡头制和民主制视为一种或两种优良政体形式的变体(1290a23 – 9)。在论及这一种或两种政体形式时,亚里士多德想到的是君主制和贵族制(4.2.1289a30 – 3);在论及更真实和更好的分类时,亚里士多德想到的是规范的分类。这一点我们已经在第二部分提及,即我们发现正确政体不仅在概念上较优,而且在评价层面上亦是如此。在此我们可以补充说明,有关分层的考虑让亚里士多德放弃了另一可选择的结构,此结构建立在两个频繁出现却错误的政体之上。这并非要轻视如下事实,即亚里士多德把注意力从分层转向革命的原因时,他已经准备将贵族制在某种程度上视为寡头制(5.7.1306b24 – 27)。但即使在亚里士多德对分层表现出兴趣时,他也更倾向于规范的结构,而不是基于寡头制和民主制建立起来的结构。

亚里士多德对分层的兴趣,促使他对一个不知名的前人提出批评,因这前人论及好的寡头制,并称民主制是坏政体中最好的(4.2.1289b5 – 9)。这里有趣的与其说是亚里士多德对手的身份,不如说是他的批评逻辑。① 亚里士多德认为分类的规范性非常重要,以至于他不仅反对论及好的寡头制(1289b7 – 8),而且支持一种表达模式以表明基本的规范特性。他没有声称

① 亚里士多德或许想到了柏拉图《治邦者》302 – 303;若是如此,亚里士多德就不仅记错了柏拉图文本,也是故意记错,以为自己目的服务(参 Robinson,前揭,页72)。笔者愿意悬置此问题。

一种寡头制比另一种更好是绝对错误的(1289b10－11),但他不赞同这种论述方式,因为它没有明确指出寡头制是否本质上就是坏的。"更好"是相对的,与要分层的事物本身的价值毫不相干。两件事物或许都非常糟糕,但仍然可以讲,其中一个可能比另一个更好。因此,亚里士多德提出"没那么差"一词(1289b11),因为这个词常被用来评价具有负面价值的事物。如声称一种寡头制不及另一种坏,就是要暗示它们都是坏的,即它们没有正确的方向,因此属于错误政体的类别。

亚里士多德关于"更好"和"没那么差"的评论清楚地表明,他对保持正确与变异政体之间的根本差异非常重视。然而,我们不应该忽视这一事实,即这些评论紧跟着前面有关正确政体排序的论述。亚里士多德认清楚了君主制(kingship)和贵族制的巨大价值(4.2.1289a30－3),并继续列出了一个单线性政体系列,按政治安排的最好到最差排列(1289a38－b5;对比《尼各马可伦理学》8.10.1160a35－b22)。我们需要清楚的是,此单线性政体系列与如下观点共存,即三个正确政体能演变出三个变体。重要的是分层需要标准,以至于标准的复杂化很可能会使分层的系列变得复杂。

亚里士多德首先在《政治学》卷三中引入正确性时,他似乎记着柏拉图的《法义》,且无论怎样他都只考虑目标的正确性。正确政体考虑的是共同利益,错误政体考虑的是统治者的利益(6.1279a17－20)。这个分析未能阻止第二个标准的引入,并因此使政体的分层更加复杂。在《政治学》卷三结尾,亚里士多德再次肯定了三个正确政体的存在,又补充说正确政体中最好的政体由最好的人掌控(18.1288a32－4)。这里我们有另一个标准,

即德性的标准（1288a36，或与智谋相伴的德性 4.2.1289
a33）。① 这一标准不是要替代正确方向的标准，却可以作为补
充，尤其可以用来帮助将目标正确的政体进行分层。君主政体
可能会被认为最好（《尼各马可伦理学》8.10.1160a35），因为
（真正的、绝对的）君主是具有近神品质的人（3.13.1284a10，
4.2.1289a40）。或者说君主制和（理想的）贵族制可以归为一
类，并被评价为最好（4.2.1289a30－3；对比5.10.1310b3,32－
4），又或者可能更偏向贵族制（3.15.1286b3－7）。但不管有关
这两个政体的决定是什么，共和政体排第三，因为大部分人不能
（至少不能轻易）完全占有德性（3.7.1279a40）。当德性成为标
准时，共和政体便达不到完美，那么就可算作变异政体，虽然从
方向的正确性角度出发，共和政体是产生民主制变体的正确政
体形式（4.8.1293b23－7）。

这些有关共和政体的最后说法据说反映了亚里士多德在政
体分类上的根本错误。② 但这个批评本身也是错的，因为若加
以正确理解的话，亚里士多德对共和政体的评论表现了对所谓

---

① ［编按］把德性作为额外标准的可能性在3.7中并未明言，因为在
这里，亚里士多德把优秀品质与贵族制相联系，把军事德性与共和政体相联
系（1279a 34－b4）。但在此语境下，亚里士多德没有继续增加标准的复杂
性，以应对政体的分级。取而代之，他保持了正确与变态政体间的简单区
别，并用完整德性的存在与否来解释正确政体的两种形式的名称。优秀被
引入来解释"贵族制"（aristokratia 即为 aristoi 的统治，或一种目标为 ariston
的统治），大众的统治因缺少这种优秀品质，所以需要有它自己的名称。
（这不是声称亚里士多德关于共和政体的评论完全清楚明白。参 Richard
Robinson，*Aristotle's Politics. Books III AND IV.*，Ackkrill，1962，pp. 24－25。）

② Cf. E. Zeller，*Aristotle and the Earlier Peripatetics*，translated by Cost-
elbe and Muirhead，New York，1962，pp. 243－244.

"非对称性对立物"的相当独到的见解——对立之物中,每一成员便是一种限制,无法对比。① 当亚里士多德称方向正确的政体是正确政体,接着又谈及错误变体时,他至少暗中承认,正确性不是指程度问题,而是一种极限,仅有可能脱离此极限而变差。亚里士多德用 parekbasis(意为"从……中走偏")一词来指代变体,并未选错词。② 事实上,他选择的这个标签正合适。我们可以把正确性比作笔直性——在希腊语中 orthos 一词语意含混,同指两者。③ "直的"与"弯的"相对,但一条线可以或多或少有些弯曲,它要么直,要么不直。同样,就鼻子直不直而言,要么是全直,要么则是不直。鹰钩鼻和扁平鼻轮廓可能不一样,但他们不论怎样越变越直,也不接近直的理想状态。反而应说,它们越来越不弯,直到变直。在这个意义上,他们达到了极限,成为典范,而鹰钩鼻和扁平鼻恰当地说都是这一典范的变体(参5. 9. 1309b23)。

同样,政体要么正确,要么不正确,亚里士多德对此表示默认,这时他把共和政体与某些(不是理想的)贵族制分成一类,并且亚里士多德称这些政体不都是变体,又继续称它们是那些变异政体的变体(4. 8. 1293b23 – 7)。关键在于当统治者的德

① 笔者采用的短语"非对称性对立物"出自库珀,参 N. Cooper,"Pleasure and Goodness in Plato's *Philebus*," *The philosophical Quarterly*,18,1968,p. 12;See also E. Spair,"Grading,a Study in Semantics," *Philosophy of science*,11,1944,p. 115 – 117。

② 巴克尔认为 *elleipsis* 比 *parekbasis* 这个称号更合适,参 Barker,*The Political Thought of Plato and Aristotle*,p. 308,note 2。

③ 在对正确政体给出适当称号时,亚里士多德采用 orthos(1279a18)这一形容词,它的意思包括"正确",也包括"直接"。对比 *LSJ* 1249 相关词条。

性成为(部分)标准时,共和政体和某些贵族制就应合理地称为
变体,尽管变体的层次不及民主政体、寡头政体和僭主政体。但
若目标方向是标准,那么共和政体和某些正讨论的贵族制就合
乎标准,也应当称为正确政体,其他形式由它们变化而来,程度
各异。换言之,亚里士多德不仅承认正确性需要不尽相同的标
准,而且承认正确性并不是程度问题。增加德性为标准后,标准
变得更为复杂,共和政体也不再那么正确,而成了一种变体形
式。① 这些都非常复杂,但这没有错乱。相反,这是哲学家的标
志,意味着他们懂得分层的逻辑。②

----

① 当然,亚里士多德可能转用日常用语,谈论"最正确的"政体
(1293b25)。但如果这是一个转换,或者是对日常用语的妥协(参 Sapir,
"Grading, a Study in Semantics," p. 116),那么亚里士多德称共和政体和某
些贵族制为变体,这就重要得多。因为这样做,亚里士多德是在默许一观
点,即用某种完美的标准,向下分层。

② [编按]若考虑变体,这个问题可以变得更为复杂。因为讨论变
体,亚里士多德似乎又引用到另一标准——持久性。民主制可能持续最
久,之后是寡头制,僭主制在最后(5. 1. 1302a8 – 15;12. 1315b11 – 39)。这
表明,在所有的变体中,民主制的评价可能最高(也就是说,最不坏的),依
据三个不同标准:第一,考虑到大部分人的利益,它与追求共同利益的正
确目标离得最近;第二,虽然大部分人不会有过人的德性,但它最不可能
打上极坏恶行的标签;第三,在短期内,最不可能经历革命和灭亡(对比
5. 1. 1302a8 – 9)。用这些标准,僭政的评价最低,寡头制居中。当然,任何
实际政体的特点都是实践问题。斯居昂(Sicyon)的僭政制实际持续了相
当长的时间,(因为)它的统治者表现出了一些好的人格特点
(5. 12. 1315b12 – 21)。此外,当用一些标准来建立等级制时,没有规则要
求,每个标准在单独处理时产生同样有序的系列,就像这些标准在一起作
用时一样。持续性就是个很好的例子。因为即便一个完全高尚的君主的
统治,看上去非常稳定,但对他而言,要找到一个合乎所有君主的品质的
继承者也不容易(对比 3. 15. 1286b22 – 7)。

亚里士多德对寡头制和民主制的分析

穆尔甘（Richard Mulgan） 著

刘玉婷 崔蒨 译

一 "现实性"章节

虽然少有人会认为，耶格尔明确区分了早先理论性的亚里士多德与后来经验性的亚里士多德，但通常认为《政治学》的中间部分，即卷四至六，比其他部分，更加经验性，亦更具现实性。从某种程度上讲，这种描述准确无疑。与其他章节相比，特别是卷二有关乌托邦和卷七至八中有关理想之国的论述，卷四至六对宪法和政治救济方法的论述，更加符合普通希腊城邦及政治家的实际情况。这是亚里士多德要明确表达的目标之一，正如他在卷四开头所说：

> 在上述所有问题之外，还必须指明，什么政体对一切城邦最为适宜。大多数评述政体问题的人虽然可以说不乏高论，但在实际应用方面往往不免误入歧途。我们不仅应当研究什么是最优良的政体，而且要研究什么是可能实现的政体，并同时研究什么是所有的城邦都容易实现的政体。

(4.1.1288b35 – 38)①

在此意义上,这些部分更具"现实性"。

此外,确凿无疑的是,这些部分中包括最常提及的实际政体与历史事件的特殊实例。卷五关于政治变化和改革的分析正是恰切体现。列举个人实例时,亚里士多德也许采用了个别政体(被认为由其拟定或至少由他指导)的详细研究(拉尔修[V.27]所列的亚里士多德作品中,包括了158种政体);或者,亚里士多德仅采用了其个人积累的经验与知识。但不管其信息来源是什么,至少与其他卷对比而言,卷四至六明显更具实践性。

然而,如果我们单独从卷四至六来看,完全忽视《政治学》的其他各卷,并把卷四至六当作实践政治科学里的独立练习,那么,其他特点就算不十分显著,也会同样引人注目。例如,我们会注意到,问询的绝对实践目的。知识的探索并非基于无偏私的学术理由,而是因为知识可帮助治邦者提高管理城邦的能力。政治科学与伦理学、诗学、经济学及修辞学一样,是实践性科学,而非理论性科学,它并非以知识为目的,而是以行动为目的(《尼各马可伦理学》1.3.1095a5 – 6)。因此,革命作为研究主题,非因其是有趣的政治现象,而因其乃是附带产生的。革命不仅威胁着政体的稳定以及共同体的价值和安全,还会波及民人(citizen)。革命是一种危险的疾病,对其根源的理解意在阻止革命的出现(4.1.1288b28 – 30,5.1.1301 a20 – 25)。因此,对

---

① 英译文译自 *The Complete Works of Aristotle*, the revised Oxford Translation, edited by Jonahan Barnes, Princeton, 1984, 略作修订。后文文献,除特别说明,均指《政治学》。

革命起因的分析,直接走向为避免革命所做的实践修正之上。相比之下,现代政治科学,特别是那些标榜为实践的现代政治科学,通常在行动上含糊其词,而仅限于无偏私的描述和分析。

现代政治科学家会注意到,但未必会反对,大部分主题除了明显的实践倾向之外,均采用理论性与抽象方法来处理。这些章节的内容尽管并非零散的实践材料的堆砌,但或多或少收集得有些随意,其中一些描述可能会让人以为,亚里士多德对实际政体的描述,乃基于高度概括且先验性的范畴与类型。抽象与一般范畴的使用具有价值,事实上,它们在社会科学中,也必然是成就意义的一种方式,否则那些难以区分的现象就会成为无限的一团。但如果目的是科学性的,那么抽象的范畴定然要与实践证据进行比对。因此,评判某计划或理论有多成功,衡量标准即是它在多大程度上收获了那些在经验上重要的东西,并因此加深了人们对群居世界的理解。

由此看来,卷四至六的结论也许是混合性的。正如笔者在其他地方表明的那样,①卷五中关于变化和变革本身的描述可看作一门极其成功的政治科学——它的范畴有用,理论假设可行,而且建议也值得密切关注。亚里士多德的研究不带有教条性质,并以开放模式结尾。只要有新的证据论证,他愿意修改和补充分析,即便这会打乱论证的结构。

但他也有失败的时候。这个章节还涉及中间几卷包含的另一或另一系列话题,即寡头政治和民主政治的本质,特别是寡头制与民主制所基于的原则、各自的形式与各自的优点。亚里士多德对寡头制和民主制的描述在很多方面见地高明,政治分析

---

① Cf. *Aristotle's Political Theory*, Oxford, 1977, ch. 7.

水平远远超过前人。尽管如此，当与亚里士多德自己所设立的标准相比较时，这些描述有时就会过于严谨，也被先验性的先入之见曲解。

二　寡头制与民主制的两极

作为对政体及其分类的总体描述之中的部分，亚里士多德对寡头制和民主制的分析始于卷三。根据政治权威的政体结构，亚里士多德区分了不同的政体，尤其考虑其最高或"统治（sovereign）"主体的规模，以及这些属于最高统治主体成员的目标（3.6.1278b9－10；4.1.1289a15－18）。就这些方面而言，基于统治主体的规模——一个、少数还是多数——以及主体成员是追求共同利益，还是自身利益，亚里士多德可以将政体分为六种已建立好的类型。那些统治者追求共同利益的政体被称为"正确（correct）"的形式，而那些统治者追求私利的政体被称为"错误的（perverted）"形式。于此，寡头制和民主制被划分成错误形式，前者由少数人统治，后者由多数人统治，而相对的则是正确的形式，即贵族政体与共和政体，前者亦为少数人统治，后者亦由多数人统治（3.7.1279b4－6）。

在亚里士多德时期的希腊，寡头制和民主制是这六种政体中最常见的形式。因此，亚里士多德把寡头制和民主制描述成这些政体中的突出重点，也不足为奇。不过，其他政体形式并没有完全被忽视——例如在关于革命的分析中广泛提及以王政和僭政两种形式存在的君主政体（5.10－12），也稍有提及"所谓的贵族政体"。但这并不是真正的、理想的贵族政体，即由真正有德性的人掌控的政体,而仅是一种较低形式,在这种形式里高贵的出身和高尚的名望是官职评判的标准之一。强调出身而非财富这一点足以把贵族政体与寡头政体区分开来,而亚里士多德也把这种"所谓的贵族政体"当成一种混合的政体形式(4.7.1293 b2 – 21)。亚里士多德也用一些章节来描述"共和政体",并认为在大多数情况下它是最佳政体(4.8.9.11)。但是研究当中常会提及寡头制与民主制,它们也是大多数详细讨论的主题。

在很大程度上,寡头制和民主制常被视为政制的两极或对立面,亚里士多德以此为中间章节提供分析框架。亚里士多德对某些政体不同于其他政体的地方的处理方式,会因情况不同而发生改变。[①] 就六种政体而言,对比有时就体现在正确的政体和败坏的政体之间;因此正如贵族制与寡头制、共和政制与民主制一样,世袭君主制与僭主制也是一组对立面(《尼各马可伦理学》8.10.1160b21)。在其他情况下,对立政体也许是一种由其政敌支持的政体,如僭主制与民主制或民主制与贵族制(5.10.1312 b1 – 7)。卷四至卷六的主要对立面在于寡头制与民主制,因此他们是一组关键的对立(6 .1.1317a17; 6.6.1320b19 – 20)。

早在卷三就表明了寡头制和民主制互为对立面。亚里士多德只在卷三章 7 处简要叙述了六种政体,就移至下一章考虑另一问题,该问题的出现仅在寡头制和民主制的情况中,也仅在他们被视为分别由富人和穷人掌控,并被视为极端对立的样式

---

① Cf. W. L. Newman, *The Politics of Aristotle*, Oxford, 1887 – 1902, vol. IV, pp. 483 –484.

之时。

> 一旦富有者执掌政权，就产生了寡头政体；与此相反，一旦那些没有财产、穷困潦倒的群众做了主人，就产生平民政体。(3.8.1279b17 – 19)。

问题在于统治阶级的富有程度和规模大小，即他们是贫还是富，人数是多还是少，这能否当作寡头制和民主制的区别。这一问题后面还会深入讨论。现在我们只需知道寡头制和民主制是一组对立。

在接下来的一章中，亚里士多德再次对比寡头制和民主制，这次涉及二者之中正义分配的竞争性概念(3.9)。两类政体被当作完全相反的观念加以分析。一方面，民主主义者认为因在某些方面平等，就该在所有方面平等。而另一方面，寡头主义者认为因在某些方面不平等，就应在所有方面不平等。这是亚里士多德政体分析中的重要部分。因其不同的荣誉和共同善的分配标准，不同政体会体现不同的正义概念。寡头主义者认为，富人应独自受益，理应先于穷人。民主主义者认为所有民人应平等受益。在此章中，对立表现在支持非平等与支持平等的冲突中。然而，这并不是它唯一的表现方式。亚里士多德有时使用两种平等类型的理论，即算术平等（严格或绝对平等）与几何平等（适当平等）；民主主义者信奉算术平等，也就是人人都应得到平等的对待；寡头主义者信奉几何平等，也就是每个人应根据其价值即财富获得相应的对待(5.1.1301b29,6.2.1317b4)。在其他地方，亚里士多德采用另一方式提出此问题，即说所有人都同意正义按价值(axia)分配，但是人们对什么是价值却各抒己见——民主主义者用自由民的地位来鉴定，而寡头主义者则用财富（《尼各马可伦理学》5.3.1131a27－29）。

寡头制与民主制对正义概念的三个构想，均在表达同样的观点——不同的人，配得上接受或不能接受某种善，这基于他们相关的性格特征，并且这些性格特征如何，也与正义的分配相关，正义的分配又随正义概念的不同而发生变化。也许最后一种矛盾的价值观的构想最为复杂。它强调所有理念都具有独立的价值，都认同与那观点有关的平等原则。它还表明，民主主义者甚至将此标准用于其他地方，以对准自由民的地位问题。然而，仅比较寡头制与民主制的构想，亚里士多德在关于平等与不平等的问题上，更加倾向于较不灵活的构想（5.1.1301b37－39）。原因大概是，此构想强调两种对立政体的对立本质，方式却是赋予两种政体明显对立的正义概念。还有一个例子，尽管不太重要，那就是亚里士多德对逻辑对称的追求阻碍了他更具洞察力的分析。

卷四至六中关于寡头制和民主制的分析，其重要性在处理共和政体时显而易见。在卷三中，亚里士多德把共和政体定义成一种为多数人掌权的"正确"形式。因此，它在六种政体中占据独立的位置。然而，在卷四中，参照寡头制和民主制形式，亚里士多德把共和政体描述成这两者的混合体（4.8.193b33－34），或是介于这两者间的折中方法。因此，从分析上来看，共和政体的本质是基于寡头制和民主制本质之上的。因而，所谓的贵族政体在本质上亦如此，但作为混合政体的另一种形式，它又异于共和政体。因此，寡头制和民主制在分析中被视为两极，也即是当世现实政治的两个对立类型，所有其他政体均根据这二者加以定义，唯有世袭君主制和僭主制除外。亚里士多德的确提过政体只有两种形式，即寡头制和民主制：

　　最流行的看法是,政体有两种形式,正如人们说风只有两种——北风和南风,其他的风都是这两种风的偏转,如此政体也有两种,即平民当权的政体和寡头政体。(4.3.1290a13－16)

　　柏拉图在《法义》卷三中对政体分析采用了相似的方法,描述了两种统治的倾向,正是这两种倾向,不同的政体程度不同。柏拉图描述的两种倾向不是寡头制和民主制,而是君主制和民主制,前者以波斯为其极端代表,后者则以希腊为代表。这种方法实为与理想类型对比的方法之一,其分析方式十分灵活,可使特殊政体按照其所具有的每种类型特征的程度加以分析。此外,设若每种极端类型均在道德上令人反感,那么,这样的模式自然产生一种观点,即认可将两种倾向加以混合的体制,正如柏拉图在《法义》中所推崇的政体,也正是君主制和民主制倾向的混合。

　　亚里士多德论证了一种混合政体,即共和政体的优点,它是两种极端的折中方法;因此,对于亚里士多德而言,在这种背景之下,采用政体的一种类型学是自然之事;在这种类型学中,两种极端是两种最主要的类型或趋势,即寡头制和民主制。然而,亚里士多德对于正式采用此种结构并不满意。原因正在于,寡头制与民主制均为有缺陷的政体。亚里士多德更倾向于把某阶层中最好的例子作为所有阶层的样板。这种倾向是亚里士多德自然目的论的一部分,根据此理论,任何事物的基本特点都在其最佳发展阶段得到体现。因此,最优而非最劣政体在逻辑上必须是基本政体的典型。正如南北风为风的主要风向,亚里士多德认为寡头制与民主制为政体的主要类型,但这个观点在提出后不久却又被其否定：

> 在政体问题上,这也是一种最常见的观点或主张,然而更真实和更好的方法还是我们的区分法,即分辨出两种组建优良的政体,而其他的政体都是它们的变体;这无论对最动听的曲调还是对最优良的政体都适用。(4.3.1290a 23－26)

因此,寡头制和民主制被视为共和制(健全政体)的变体;从分析和逻辑上来看,共和制必优于寡头制和民主制,即使我们在分析共和政体时,必须利用先前就已确定的寡头制和民主制特点作为混合政体的要素。这种复杂化似乎没有必要,而事实上亚里士多德没有在余下关于这三种制度的讨论中遵循这一点。尽管亚里士多德不愿公开承认,但共和政体仍是一种派生性混合政体,而寡头制和民主制则作为逻辑上先在的两极有效地发挥作用。

三　寡头制与民主制的类别

寡头制和民主制之间的两极化仍在持续,而且这种两极化在其各子类型的列举中得到具体化(4.4－6,5.4－6)。亚里士多德以生物类别作类比,着手描述政体的多样性(4.4.1290b25－38)。各组成部分之于城邦就如器官之于动物,不可缺少。这些组成部分之间的联系有多少种,政体就有多少种,这也表明政体种类繁多。但实际上,亚里士多德只描述了各主要类型的少数类别。在寡头制和民主制的问题上采用概要性描述,且其描述由对二者的结构分析所决定。

各主要政体以下均有几种类别或子形式,通常情况为四种。

（首次描述民主制类别时［卷四］，共有五种，而非四种。首次描述多出的一种，为"纯"民主制的特例；在这种形式中，贫者与富者均能享受平等待遇，但亚里士多德又将其从随后的分类中剔除［4.6，5.4］。个中缘由，笔者将在后面谈到。关于寡头制，其最末也是最简洁的描述［6.6］只具体提及了三类，而非卷四章四和四所描述的四类。）

各政体中的首类均十分温和，仅与共和政体略有区别。因此，首类民主制，即温和民主制对财产有所要求，且不是所有的自由人都拥有民人权利。大多数民人对政治并不怎么感兴趣——为此，此类政体更适用于务农百姓——政府受法律引导，其权力大都掌握在经富人选出的官员手中。另一方面，第四类极端类型，其民主制中所有权力隶属于议会，议会受控于有偿参与议会的城中民众。犹如在僭主制下一样，法律的统治被抛弃，而政府则依从命令。第二和第三类政体介于最温和与最极端的两种类型之间，这是因为在这两类型中，民人逐渐变得更少排外，生活更加城市化，掌握的权力也更大。

与此相似的还有寡头制。虽然，首类寡头制，即温和寡头制，对统治阶级财产要求相对较低，且对于进入统治阶层再无其他要求，但这一点却足以把大多数贫穷者排除在外，政府依法运作。第四类为极端或纯寡头制；寡头执政限于少数富人，一个或少数几个封闭世袭家族，即世袭寡头政体（dynasteia，4.5.1292b10），且其没有法律可言。同样的，中间两类政体介于最温和与最极端的两种类型之间。

理论化的体系和理论上的对称是类型学的基本原理，这一点为亚里士多德所公开承认。在卷六介绍了寡头制的各种类型，并同等描述了民主制各类型之后，亚里士多德说：

由这些说明,我们已不难推想,寡头政体应该怎样建置了。凭两种政体的对反性,我们就可设计同各种民主政体相应的各种寡头结构。(5.6.1320b17－20)

在简单描述最温和的形式后,亚里士多德又继续说道:

只要采取措施,限制更严一些,就可以得到另一种形式的寡头政体。它与最后一种形式的平民政体相对应,是寡头政体中强权和暴政最为彰著的一种。(5.6.1320b29－31)

类型学带来的结果是,处于对立两极的寡头制和民主制,因范围的延伸而汇合,两端的极端政制越来越温和,直至融合为完美的混合体,即共和政体。有趣的是,亚里士多德并未努力让这些类型学与个别政体相适应。民主制的分类也许能反映亚里士多德对雅典历史的看法——保守评论家在关于雅典民主制的观点中通常认为,雅典已从一种温和民主制,通常处于梭伦时期,发展或倒退成15世纪下半期的极端民主制。但这种平行描述并不精确。例如,不像亚里士多德所描述的温和政体,梭伦式政体并不采用抽签制来任命少数官员(3.9.1280b30)。伯里克勒斯式民主制在民人资格标准上有限制,而亚里士多德描述的极端民主制则没有限制。①

除开这些与雅典相似的内在特征,亚里士多德很少提及实

---

① 更多细节,参 Newman, *The Politics of Aristotle*, vol. IV, pp. xl－xli;亚里士多德《雅典政制》中,雅典历史的描述是否受《政治学》中分类方法影响,另当别论。参 J. Day and M. Chambers, *Aristotle's History of Athenian Democracy*, Berkeley, 1962; P. J. Rhodes, *A Commentary on the Aristotelian Athenaion Politeia*, Oxford, 1981, pp. 10－13。

际城邦,这些城邦有可能被认为是各子类型政体典范。卷四
(4.4,6)关于各类不同民主制的描述中,亚里士多德没有提及
任何个别实例。卷五的描述中(5.4),亚里士多德提到了五个
城邦(曼提尼亚[Mantinea]、厄利斯[Elis]、亚菲底[Aphytis]、居
热涅[Cyrene]和雅典)。然而,在此处,个别实例的分析甚至也
绝没有关于变革的分析多,民主制变革起因就是很好的例子
(5.5)。此外,亚里士多德在提及上述城邦之时,均将其与特定
的法律或措施联系起来,这些法律和措施被认为是某政体子类
型的特点。作为整体的城邦,没有被直接认定为某政体子类型
的可能实例。

　　寡头制甚至鲜有历史参阅,并无一种广为人知的希腊寡头
制,其政体历史就算从广义上看,亦能按从温和型过渡到极端型
的线索来反映雅典的情况。在任何寡头制的描述中,亚里士多
德也没有提及任何个别城邦。整个处理过程十分敷衍。

　　从这方面来看,亚里士多德在列举其他主要政体类别时,与
此做法大不相同。例如,亚里士多德举出五种君主政体
(3.14)。其中,斯巴达的君主政体实际是一种历史政体。另外
两种,艾修尼德(Aesymnetia)的君主政体与英雄式(heroic)君主
政体,明显为著名历史政体的衍生体;尽管第二类君主政体描述
得更加抽象,作为君主政体与僭主制的混合体,但其明确指向亚
细亚的君主政体。仅有第五类,绝对君主政体(pam‑basileia),
其理论构造完全与寡头制相同,并在较低程度上与民主制相同。
所谓的贵族制(4.7.1293b14‑21)和僭主制(4.10)都同样涵盖
了历史实例与抽象种类。

　　可以说,寡头制和民主制的实例太多,已不太可能将子类型
的划分立足于实际的例子之上。组建类别以将大量个别实例纳

入其中,那么,一定程度上的抽象和归纳不可缺少。然而,正如我们所说,分类的有效性要在其使用中加以检验,以判定这种分类是否能将所有类型以明白易晓的方式加以汇集和分类。在这方面尤为重要的是,亚里士多德根本没有或不曾想过要将其类型学应用到实例中。尽管明显能获得丰富的历史资料,亚里士多德并没有对古希腊已有的寡头制和民主制类型进行富于教益的分析。

纽曼在其伟大的《政治学》评论中,提到了一种我们所忽略的暗示。① 例如,接纳寡头制的总体分类,并采用仅在《政治学》其他地方提及的例子,纽曼列出了 12 种不同政体类型,这些类型反映了希腊各类寡头制在政治体制和社会结构上的差别。同样,在民主制问题上,纽曼列举了一些子类型,以补充亚里士多德列出的四种,当然这些种类再次基于亚里士多德本人的证据。希腊城邦众多,各城邦有其独特的政体结构,但又共享同一文化,这为政治上的比较分析提供了难得的机会。亚里士多德意识到这一机会,也意识到作为全面政治科学的一部分,描述和比较不同法律和政体的迫切性。然而,至少在区分寡头制和民主制的不同类型的任务中,亚里士多德被认为没能达到预期的效果。

亚里士多德当时没能准确抓住并理解政体的多样性,原因有如下几点。其一,亚里士多德可能缺少时间或兴趣——亚里士多德描述了整体结构,接着本会涉及细节。在我们沉迷于亚里士多德著作时,我们永远不要忘记其成果所涉及的宽度和广度。细节的省略也许单单是因为别的更为急迫的需求。其二,

---

① Cf. Newman, *The Politics of Aristotle*, vol. IV, pp. 24 – 72.

更为根本的原因是亚里士多德划分各政体的方式。亚里士多德明确想得出一种分类方法,既能划分各政体,又能依据各政体价值进行等级划分;因此,各子类型的范围涉及从最温和的到最极端的类型。这样产生的类型学在逻辑与道德上均直接而简单。考虑到这些政体间最普遍的特点及其主要区别,这样的类型学无法像从思索实际政体中直接衍生的类型学一样,轻松容易地应用到实践之中。无论如何,不管出于什么原因,我们都应注意到亚里士多德失败的原因,也应权衡其关于政治先验性研究中取得的不可置疑的进步。

四　寡头制与民主制原则

另一方面,亚里士多德对抽象简单性和对称性的强调,既阻碍又帮助了我们对希腊寡头制和民主制的理解,这一点在其处理各政体的首要价值观和原则时清晰可见。亚里士多德准确地认为,政体不仅是多个机构和法律的集合,还基于且又追求特定的社会目标和价值。正如我们所见,各政体有其主要的原则或价值观。这种原则不仅提供筛选统治集团的原则,还提供各集团成员在各自角色中所追求的目标。例如,在理想的贵族制中,其原则为德性:统治权力交给有德性的人,而城邦作为一个整体旨在追求美好或道德高尚的生活(3.17.1288a9 – 12,32 – 34)。与此相似,寡头制的原则为财富。财富为掌权的标准(3.8.1280a1 – 6),而那些掌权的人旨在积累财富(5.10.1311 a10)。

从整体上来看,这都与寡头制的事实极为吻合。寡头制的权力仅限于有财富的人;富者倾向于用政治权力维护和累积财富。可以说,亚里士多德本应更清楚地认识到,许多寡头制与世袭贵族传统之间存在密切联系。仅有少数寡头制严格采用"财阀政制(plutocracies)",即平等地对待富人。这种意识旨在帮助寡头制中多数掌权者至少能在积累财富时,同样获取荣誉和声名。实际上,亚里士多德有时认为优良的出身与教养(paideia)正是寡头制的特点(4.8.1293b36 – 38;5.8.1309a2 – 3)。在其他情况中会有更多的"所谓贵族制"特征,即一种强调高贵出身的混合政体因素。总的来说,亚里士多德在寡头制的基本目标上追随柏拉图,认为其目标正在于使自身富裕,此判断尽管严格,且对某些反例包容,但绝非难以置信之理。

亚里士多德在描述民主制原则时遇到了更多的困难。其中之一就是对自由的定义。从自由人的地位来说,自由是任职的资格;从个人所偏爱的生活方式来说,自由则为民主制的目标。在亚里士多德关于民主自由最详细也最为谨慎的描述中(6.2.1317a40 – b17),为任职提供标准的那方面的自由与数字或算数平等相联系:

> 自由的一个方面就是轮流地统治和被统治。而且,平民主义的公正是依据数目而不是依据价值而定的平等,以此为公正,多数人就必然成为主宰者,为大多数所认可的东西,就必然是最终目的,是公正。他们说在这样的政治体制下每个人就应该享有平等,于是,在平民政体中形成了穷人比富人更有决定权的结果,因为前者人多势众,而多数人的意见起主宰作用。因而,这是自由的一个标志,所有的平民主义者们都以此为其政体的准则。(6.2.1317 b2 – 11)

寡头制依照特定的富有程度来确定其统治成员,贵族政体则单凭德性来确定其统治成员,但自由人的地位却无法依照以上方式直接定义统治集团。亚里士多德关于民主制的整体政治分析,及其与寡头制的对比都基于同一假设,即民主制中统治者应为穷人,恰如寡头制统治者为富人。然而,自由人的地位包括所有民人,穷人和富人同样对待,而并不单单针对穷人。民主制的任职原则按平等的术语加以解释时,应该用法相同。寡头制采用不平等(或几何平等)将那些财富上"不平等的人"单独挑选出来,成为寡头制民人共同体中的成员,而民主制的平等(或算数平等)却包含了所有人,富人与穷人,寡头者与民主者。

因此,如果将民主制和由贫穷者统治等同起来,而其任职标准则为自由地位或算数平等,那么穷人有必要占多数。卷三在讨论经济阶层(富或穷)或数量规模(少或多)在区分寡头制与民主制之时是否为重要标准时,亚里士多德得出结论认为,经济阶层是基本标准。因此,若政体中大多数富人当权,那么这个政体就是寡头制,而非民主制;相反,若贫穷的少数人掌权,那么这个政体又会是民主制(3.8.1280a1 – 3)。然而,若民主制的掌权资格特征是自由人地位或某种算数平等,那么由穷人执掌的政府只会在穷人占多数时出现。若穷人占少数,富人占大多数,那么平等自由的政治权力就会造成富人的统治,也就意味着此种政体为寡头制,而非民主制。

意识到自由为民主制的原则,亚里士多德因此承认规模是民主制必然而非偶然的特点。实际上,亚里士多德并没有坚持其严格立场,即仅有经济性的阶层是根本内容;当亚里士多德在卷四中再次谈及这一问题时,阶级与数量大小均用来定义寡头制和民主制的特点(4.4.1290b17 – 20)。这也就意味着富人占多数或穷人占少数的异常政体将为混合体,既非明显的寡头制,也非明显的民主制。将人数的多少涵盖在内,有利于寡头制和民主制,也更加符合其常规定义。归根结底,寡头制由 oligoi(即少数人)统治;民主制则由 demos 统治,demos 即指通常与平民(plêthos)或老百姓联系在一起的人。①

亚里士多德认为,多数决议原则本身并不为民主制所有,它适用于任何平等对待其成员的团体(4.8.1294a11 - 14;6.3.1318a28 - 30)。寡头或贵族集团虽将民人排除在外,但他们或许会平等对待其成员,并将多数决议原则应用到内部纠纷解决中。然而,这一点与民主制联系尤为紧密,其部分原因是,正在讨论的大多数人正是从自由人中选取出来的;另一部分原因是,多数决议原则需要解释,理论上多数决议程序可以将权力平等分配给所有民人,包括穷人和富人,还需要解释如何在实际应用中只将权力分配给穷人。因此,多数决议原则成为理解民主制中大多数贫穷人士掌权的关键。为此,亚里士多德将人数作为基本标准,并附加了经济阶层标准,这对于仅单独考虑阶层情况而言确是一种进步,并非如有人所说的那样差强人意。②

民主制的分配原则没有将其统治集团直接挑选出来,这一事实又另有影响,它使得如下情况得以可能,至少理论上得以可能:首先,在表面价值上此原则得以实现;其次,权力在所有自由民人中得以共享,富人与穷人都一样。毕竟算数平等要求平分所有事物。尽管这种均等通过平等对待个人意见而将多数决议

---

① Cf. Newman, *The Politics of Aristotle*, vol. IV, pp. 158 – 159.

② Cf. e. g. Ernest Barker, *The Politics of Aristotle*, Oxford, 1946, p. 163; Newman, *The Politics of Aristotle*, vol IV, pp. 158 – 159.

原则作为解决纠纷的一种手段,但它未必暗示了多数人统治,这种统治中占优势的大多数人总是同一类。若人人都有机会成为这大多数的一员,那么,人们所处的政体会更加平等。现代民主思想总批判多数人的统治,如在阿尔斯特(Ulster)和斯里兰卡(Sri lanka),一部分人为永久地位牢固的多数人,而另一部分则为永久受压迫的少数人。这种统治通常等同于"多数人的僭主制",亦与真民主制形成对比,在真正民主制中,人人皆有相同的机会成为大多数的一员,并对决策产生影响。

亚里士多德意识到这一可能性;正如我们所见,在首次列举民主制类型时,亚里士多德提到这样一种民主制,并将其列为首类且最优的民主制:

> 首先的一种平民政体是所谓的最符合平等原则的政体。这种平民政体的法律声称,平等就是穷人和富人谁也不占上风,任何一方都不求主宰另一方,而是两者处于同等的地位。如果像有些人所主张的那样,自由和平等是平民政体最根本的原则,那么,让一切人以同等的身份最大限度地共同参与某一政体,就会有最大限度的自由和平等了。(4.4.1291b30－37)

在分析民主制原则和程序的章节中(6.2),亚里士多德将这一可能性添加进去作为补充:

> 这些就是平民政体的共同特征,它们来自平民主义所公认的公正原则(即全体公民享有依数目而定的平等),平民主义者和平民都极力主张这一点。因为平等意味着穷人不比富人更有统治权,也不是唯一的主宰者,而是所有人都

享有依数目而定的平等。人们认为如此一来就可以使平等
和自由在政体中得以存在。(6.2.1318a4－10)

希腊语 dêmos[民众]一词在"民主制"中的含义自相矛盾；
它可表示"大众"，即多数人，亦可表示全体民人，即所有有权参
加集会的人。尽管民主制的反对者将其视为大多数贫穷人士的
统治，但其支持者，至少在理论上，将其称为所有民人的统治。
尽管亚里士多德通常将民主制定义为大多数贫穷人士的统治，
但亚里士多德却允许依民主制原则建立一个更加公平的政府和
社会，能将所有人包含在内。正如在现代民主传统中那样，民主
制亦可表示全体民人的政治平等。亚里士多德也意识到，这样
一种政体才能称为基于"真正"民众的"真正"民主制。

尽管此类政体能够真正地实行平等，但由于严格平等或算
数平等原则本身就是错误的，且这一原则没有考虑到合法享有
政府权力的声明中，各自由人之间的相应差别，于是亚里士多德
仍然批评这一政体。从这方面来看，"真"民主制必然明显有别
于卷七和卷八中亚里士多德描述的理想政体。后者为贵族政
体，其民人主体受制于有德之士，且将工匠和劳作者排除在外，
而在民主制中，这两类人皆算作自由人。

尽管如此，"真"民主制并不会接受那种对所有变异政体的
标准批判，即这些变异政体由共同体的某一部分人不合理地统
治，他们的统治照顾自身利益，而将其他人完全排斥在外。大概
正是因为这个原因，亚里士多德没有多谈这一"理想"民主制。
它未被列入民主制后来的分类中，而仅仅作为对民主制原则讨
论的补充。更加突出"理想"民主制，且将其作为民主制典型，
其余类别正与其相左，那将会再次打乱亚里士多德政体分类的

对称性。若民主制为一变异形式，那么其极端形式或纯形式必为最劣而非最优的例证，正如极端寡头制或僭主制为各自对应政体的最劣例证。

也许出于相同的原因，亚里士多德并未试图将"真"民主制与共和政体联系起来。尽管从严格意义上来讲，二者并不相同——共和政体为寡头原则和民主原则的混合产物，并以中级阶层为基础——但二者之间有着密切的关系。"真"民主制给予富人与穷人同等权力，可以说能够为穷人或富人的单独统治提供平衡。这种政体亦能适应大量潜在的占支配地位的中产阶级的出现。亚里士多德将"纯"民主制列为民主制类别之一，放在第一，进而将其置于其他政体中最温和类别之前，以暗示它与共和政体的密切联系。然而，建立这些联系本会打乱两者在逻辑上的对称。若民主制为一变异政体，那么其最纯形式必与共和政体，即从正确形式衍生而来的政体，相差最远而非最近。

这些问题的产生是由于自由概念的使用，它指一种自由状态，暗示严格的平等，以作为民主制中的任职资格。自由的另一方面是作为民主制的目的或目标。亚里士多德分析道：

> 自由的另一个标志是一个人能够随心如愿地生活，因为人们说这是自由的效用，就如不能随心如愿地生活是奴役的效用。这是平民政体的第二个特征。由此得出，人不应该被统治，甚至不应该被任何人统治，如果不能实现，至少也应该轮流被统治和统治，这样做有利于建立在平等观念之上的自由。（6.2.1317b11–17）

我们应记住"一个人能够随心如愿地生活"，但这并不是亚里士多德本人对自由的定义。亚里士多德认为，自由的本质作为自己存在(being one's own person),且拥有独立的价值,而非仅仅作为一种工具,像奴隶一样,仅为其他目的而存在。这样的自由与约束、顺从相容,并非像民主者所认为的那样,自由意味着阻碍的缺失。① 亚里士多德批评了民主制的自由概念,理由与批评寡头者的奢华生活一样——这种设想与政体安全相对立,因此并非民主者利益所在(5.9. 1310a19 - 36)。

然而,即使是这种有关自由的民主观点,也不足以涵盖亚里士多德的看法,即民主制中多数穷人追求利益。在《政治学》其他地方,亚里士多德提及民主制支持者的经济动机,同样也意识到这些支持者同寡头者一样,为自己谋求经济利益。事实上,与贵族相对立,大多数人对利益比对荣誉更加感兴趣(6.4. 1318b16 - 17)。在有关革命的讨论中,没收富人的财富是民主者的目的之一(5.5. 1034b35),若民主制希望继续存留,那么最好分配富人的财富(5.8. 1309a15 - 20)。

将个人自由定义为民主制的特点之一,关于这一点亚里士多德没有做错;民主雅典的宽容与多样性就是很好的证明。然而,亚里士多德仅单独列出自由为民主制的目的,而忽略了大量在民主制的动态中占有重要地位的东西,也忽略了许多他在自己的政治分析中所暗示的东西,以及多次对经济动机的强调。实际上,亚里士多德本应以对错误政体的首次刻画为始,视错误政体并非受共同利益引导,而是受统治者私利的引导:寡头制以富人利益为目的,民主制以穷人利益为目的(3.7. 1279b9 -

---

① Cf. Richard Mulgan, "Liberty in Ancient Greece," in *Conceptions of Liberty in Political Philosophy*, ed. Z. Pelczynski and J. Gray, London, 1984, pp. 18 - 19.

10）。倘若亚里士多德能继续客观地确认穷人的利益，那么亚里士多德也许会将个人希冀自由的欲望也包括在民主制的目的之内，或许还会提到对享受这种自由的物质渠道的渴望，以及为保障这种渠道而对政治权力的运用。

若进一步审察，我们会发现寡头制和民主制动机间的实际区别要少于二者的相似点。寡头者和民主者均力求争取物质方面的经济利益，都是为了满足他们的欲望，寡头者是为了过上奢华和放纵的生活（4. 11. 1295b15 – 18，5. 9. 1310a22 – 24），民主者是为了"任情而行，各如所愿"。民主制下的个人放纵就那种统治形式而言并不独有，可以在任何以自身利益为主的统治集团中找到，亦能在寡头制的富人和僭主制的专制君主中找到。由于统治集团涵盖大部分的普通民人，而非寡头制那样将统治权力限定在共同体的小部分人手中，因而"任情而行，各如所愿"的愿望扩展到整个共同体，这让民主制变得非比寻常的开明。因此，法律与法庭对普通民人的控制程度会受到限制。另一方面，寡头制统治集团规模虽小，但其成员能自由地生活，且严格地使用法律束缚统治集团外的人。

亚里士多德将自由视为民主制的典型目的与邪恶，毫无疑问，这一点在很大程度上受到柏拉图关于民主制的著名观点的影响（参《王制》8. 555 – 556）。然而，柏拉图对民主制个人放纵的批判是与其政治分析相联系的。柏拉图认为民主制是一种十分松散且无能的政府形式，也正是这个因素，使得柏拉图在《治邦者》中将其描述成错误政体中的最佳形式，因为缺乏行动的能力（《治邦者》303a）。然而，亚里士多德并不完全赞同柏拉图关于民主政府的观点；就算有相同看法，也仅有如下一点，即民主制相较于寡头制更不易发生内讧，所以就是一种更加一致且安全的统治形式(5.1.1302a8－13)。因此,亚里士多德对自由的关注不太合理。为此,我们可总结出的主要解释是,对概念化的简洁和对称的渴求,以及对提供单一价值的需要,对民主制的效用,同财富和道德分别对寡头制和贵族制的效用一样。

然而,就算基于这种考虑来寻求单一的价值,自由而非平等是否为可选的正确价值仍受质疑。在分析民主的自由的两方面时(6.2),亚里士多德通过算数平等原则来寻求二者的联系。一方面,任职标准等同于数字或算数平等,统治和被统治因此交替进行;另一方面,"任情而行,各如所愿"这一目标,同样与统治和被统治的交替有联系。最佳状态是不受任何统治。但若不能,统治和被统治是更佳选择,"有利于基于平等的自由。"

平等是民主者在其最初标语和口号中强调和吸收的价值观,即 isonomia(大意为"法权的平等")。正如亚里士多德本人所承认的,正是平等巩固了民主"自由"的第一方面,即平等享有权力。至于第二方面,即民主制的目标,平等也许并不像自由那样强调民主制的自由放任。但平等也有优势,它能提出在民主制中的再分配目标,以便让全体民人分享社会财富,从富人处取来补给穷人。

然而,平等这一价值观相较于自由而言更具争议性,亚里士多德可能是勉强对民主者做出让步。亚里士多德追随柏拉图、①伊索克拉底(*Areopagiticus*,21－22),以及其他精神上反民主制的成员,认为民主平等仅为平等的一种形式而已,并且它劣于成比例平等或几何平等。与亚里士多德相反,柏拉图十分愿意将自由给予民主者,只是反对拥有过多的自由。亚里士多德

---

① 参《高尔吉亚》508a,《王制》8.558c,《法义》6.757c。

并没有深入谈及这一点,而是转而对民主者关于自由的看法提出异议(5.9.1310a32－36)。尽管如此,在贵族制的传统里,亚里士多德也许能更自在地将自由而非平等作为民主者的单一主流价值观。

然而,亚里士多德的分析表明,任何价值观就其自身而言都是不充分的。平等主义与自由主义对民主制来说均十分必要。从这方面来看,亚里士多德对民主制的描述和许多现代民主理论相似,都将自由与平等二者视为基本价值观。(然而对于古希腊人而言,因没有明确承认个人权利,自由与平等间的矛盾并不像在现代自由民主传统中那样激烈。)事实上,亚里士多德偶尔也会一起提及平等与自由,将二者作为民主制的原则(如4.4.1291b34－36,5.9.1310a28－31)。但若亚里士多德将二者正式纳入关于民主制的分析中,那么又会威胁到其整体分析的对称。

五　寡头制和民主制相关的等级划分

最后,应简要提及亚里士多德对寡头制和民主制相关的等级划分。

在卷三中,尽管亚里士多德因寡头者和民主者对正义带有偏见而批判了二者,但亚里士多德在民主者的辩论中也看到了一些优点。支持多数人统治的两种辩论,先是总结性论述支持更大范围的众人的集体智慧(3.11.1282a42－b38),其次是"习俗最好"的论述,针对所谓专家的智慧(3.11.1282a17－23),这些都已成为民主辩护中的惯有之事。即使亚里士多德并非真心完全赞同,但可以肯定的是,亚里士多德清楚地展示了这些观点,并在一定程度上赞同它们,而亚里士多德却从未对支持财富的寡头制表示过这样的赞同。在随后的章节中,政治稳定成为主流价值,民主制下的中产阶级更具有稳定的影响力(4.11.1296 a13 – 18),寡头制易发生内讧(5.1.1302a8 – 13),故较寡头制而言,民主制为更优选择。

早在卷四(4.2.1289b2 – 5),亚里士多德就赞同柏拉图在《治邦者》(303a – b)中的分级,将僭主制列为错误形式中最劣的,将民主制列为最温和的形式。这种划分基于政体六分法,其中寡头制为少数人优良统治的变体,而民主制为多数人优良统治的变体。正如我们所见,此纲要随后就被另一纲要替代,即寡头制和民主制均为共和政体的变体。亚里士多德运用音乐做比喻,将共和政体比作等音程音阶和声,而其余政体则为这一和声的变体。任一政体的不足程度取决于此政体与中间政体的距离。因此温和政体、寡头制或民主制,都优于其对应的极端政体。

也许亚里士多德最乐于承认,由和谐温和的共和政体变异而来的民主政体"更趋弛散与缓和",而寡头式变体则"更加紧张与专横"(4.3.1290a27 – 29)。亚里士多德保持了其分析的逻辑对称,让寡头制和民主制作为两个极端,而让共和政体作为最优的折中政体,这势必与众人对民主制的普遍偏爱相抵牾,只是亚里士多德本人的价值观和政治经历与民众的偏好大相径庭。

亚里士多德与民主制

林托（Andrew Lintott）著

崔嵬 欧阳霞 译

[原文题注]参考文献：纽曼的评注仍必不可少，包括其引言、细节处的解释（包括历史典故）和互文性的资料；参 W. L. Newman's commentary, 4 vols. Oxford, 1887 – 1902；修订版牛津译本的巴尔内斯编《亚里士多德全集》已被重新编辑，并有艾弗生（S. Everson）的引言，甚具助益；参 J. Barnes ed. , *The Complete Works of Aristotle*, *The Revised Translation*, ii, Princeton, 1984；S. Everson, *Aristotle: the Politics*, Cambridge Texts in the History of Political Thought, 1988；凯伊特和米斯所辑论文，为此处的研究提供了不少有价值的评论，尤其是其中的第 11、13 和 14 章，参 D. Keyt and F. D. Miller, Jr. , *A Companion to Aristole's Politics*, Oxford, 1991。在穆尔甘的《亚里士多德的政治理论》章 4 和 6，以及墨洛的《亚里士多德》章 6 中可找到其他有关亚里士多德对民主制论述的现代解释；参 J. B. Morrall, *Aristotle*, London, 1977, and R. G. Mulgan, *Aristotle's Politics Theory*, Oxford, 1997, 1987；另注意布劳恩的作品，参 E. Braun, "Die Extreme Demokratie bei Polybis und bei Aristoteles," *JOeAI* 54 (1983) *Beiblatt*, 1 – 40；法勒的笔下有关亚里士多德对民主制的敌意的描述，参 C. Farrar, *The Original of Democratic Thinking*, Cambridge, 1988, pp. 226ff；艾尔文的论述涉及亚里士多德的政治分析中关于伦理信念的整体观念，特别是对（页 163 及以下）民主制的邪恶特征的不准确描述，参 T. Irwin，"Moral Science and Political Theory in Aristotle，" Crux，eds. P. A. Cartledge and F. D. Harvey，*History of Political Thought*，vi. 1/2，Exeter，1985，pp. 150 – 168。

　　本文首次发表于在牛津大学举行的"哲学与历史：柏拉图与亚里士多德"的研讨会上。笔者特别感谢对此文做出评论并对研讨会做出贡献的人。参 Andrew Lintott，"Aristotle and Democracy，" in *The Classical Quarterly*，New Series，Vol. 42，No. 1，1992，pp. 114 – 128。

一　引言

　　在亚里士多德关于民主制的论述中存在两大主要类型的问题，正如在《政治学》的相应文段（Books 2 – 6 in O. C. T.）所找到的那些主要论题一样，它们多与事关政治行动的经验数据相关。其中一类问题主要为哲学性的："亚里士多德的分析是否与逻辑一致，与他的数据是否一致，以及是否可信？"另一观点更具有历史性，尽管也具有哲学意义：

　　　　他的数据来源于哪里？观点（或偏见）来自哪里？对于所引为政治和伦理标准的证据，即亚里士多德所引证的历史事件和人物观点，他的论述是否恰当？

　　尽管在这篇文章中，笔者对于第二类问题中有关数据本质的问题有着特别的兴趣，但是不考虑民主制分析的本质与合法性,这类问题就无法获取满意的答案。

　　笔者认为,如上这些论述与亚里士多德在《政治学》卷二至六中的方法一致。尽管在这几卷文字中,亚里士多德没有创建自己的理想政体,但他分析了现存或曾经存在过的政体的优缺点,只不过,这并非单纯经验性的探询,即只研究何种政治安排会最适合于 X 城邦或 Y 城邦。可以肯定,亚里士多德不但在寻找最好的可能政体,也在按照城邦的现况,即其社会与经济基础,寻找最为可行的政体(他在卷四 1288b21 及以下和 1296b13 及以下这两个重要段落中强调了这一点)。同样真实的是,亚里士多德用历史中的例子来支持他有关人类行为的总体论述。然而,对这一系列的政体,最终还是要就其总体道德和政治原则来加以判断。

　　亚里士多德从零散的历史材料中,选出例证来论证自己的信念,文字简明扼要,颇类文中脚注。在所用的诸多例子之中,我们难以确定亚里士多德已有合理的解释,况且某些例证着实令人费解——比如说,他把公元前 428 年缪提勒涅(Mytilene)①脱离于雅典的原因解释为就女继承人问题的个人争端,在这一事件中,雅典领事代表(proxenos)故意煽动起雅典人对缪提勒涅的敌对情绪——而这无法从修昔底德那里找到证据。②

----

　　①　参修昔底德,《伯罗奔半岛战争志》3. 2 – 5;10 – 14;参 A. Lintott, *Violence and Civil Strife in the Classical City*, London, 1982), pp. 105 – 106, 241。

　　②　有关这个问题的各种论证的讨论,参 P. J. Rhodes, *A Commentary on the Aristotelian Athenaion Politeia* (Oxford, 1981), introduction, esp. pp. 10 – 15, 58ff;另注意《雅典政制》26. 1 的内容似乎是对《政治学》5. 1303a 内容的误解;在《雅典政制》23. 1 和 25. 1 中也可以找到对《政治学》3. 1274a7 及以下和 5. 1304a20 及以下有关教条主义的解释,此解释同样拙劣。

然而,尽管我们可能会怀疑亚里士多德所举出的个别历史事件的准确性,或者质疑作为这些事件能否代表普遍现象,但是《政治学》所遭遇的难题均出自人类经验,而其解决方案同样如此,因而,在《政治学》中所研究的对象整体而言为经验之物,即便亚里士多德判定这些经验之物的价值观念确属其自身的理念建构。至于民主制的问题,则引起了某种特别的张力。即使《雅典政制》(*Athenaiōn Politeia*)实际并非亚里士多德所写,而是由其学生所写(引用或改编了《政治学》中的一些观点),①但亚里士多德亦熟知他那个时代的雅典的政体——不仅仅熟悉政体的细节,也包括隐含在细节之下的行为准则(参6.1317a40及以下)——亚里士多德在《政治学》中详述了雅典民主制发展的史实(2.1274b35及以下),当然认为这些内容大部分均真实可信。

亚里士多德对雅典自埃菲阿尔特斯(Ephialtes)时代以来的极端民主制充满敌意(2.1274a及以下,4,1292a4及以下,1298a28及以下,6.1319b1及以下),②这一敌对情绪从最初对政体的划分(3.1279a21及以下)开始便屡见不鲜。不过,民主制的主要原理,即"轮流统治和被统治"(6.1317b2),与亚里士多德的如下原则存在一致性,即城邦应由所有民人参与政府管理(2.1261a22 – 1261b6,参3.1275a22 – 1275b21——该论述从反面定义了民人的本质)。此外,亚里士多德强烈支持多数人

---

① 参 Lintott[n. 2],chs. iii – viii,esp. pp. 90ff.,242ff;更具理论性的论述,参 G. E. M. de Ste. Croix,*The Class Struggle in the Ancient Greek World*,London and Ithaca,1981;尤在页69 – 80提及了亚里士多德,而在页278 – 300提及古典的希腊城邦。

② [译按]埃菲阿尔特斯(Ephialtes):大约生活于公元前500年至前461年,雅典的激进民主派政治家,早期民主运动的领导人。

的统治,因为议会中多数人的集体决定,比起几个专家的决定,聚集了更多的智慧(3. 1281a40ff.)。

笔者在这里想要展示的是:第一,亚里士多德如何将民主制的理论研究与实践经验紧密相连;第二,尽管他对"极端"民主政体充满了敌意,但雅典民主经验的某些特征怎么又会对亚里士多德有积极的影响,尽管那些经验较少出于直接的实践,而更多的是来源于雅典过去的传统。这就使得亚里士多德对民主制的论述更引人关注,令人兴叹,远超读者想象。

在《政治学》中始终存在这样一个问题,亚里士多德对自己的观点阐释得有多详细,而对他人的观点,又给予了多少空间。笔者期望能澄清如下要点,即亚里士多德关于多数人的决断极具力量的论述,以及他最初与如下说法保持距离,即雅典民主制的发展在梭伦(Solon)的黄金时代开始衰落,最终亚里士多德又接受了此观点。

二　民主理论

第一,民主制和寡头制的定义

我们从亚里士多德的政体分类学开始,该分类首见于《尼各马可伦理学》(8. 1160a31 及以下),接着出现于《政治学》中(3. 1279a21 - 19)。在《伦理学》中,亚里士多德按其偏好排列政体如下:优良的君主制、寡头制和共和制(即 politeia,此术语所称为亚里士多德偏爱,也常称为 timokratia);接着就是另一组,坏的民主政制、寡头制和僭主制。在第二个分组中,民主制坏的程度最轻,且与共和制相隔不远,但是寡头制和僭主制以追逐个人利益,而非追求共同利益为特征。这两组三类的分法亦在《政治学》中再次出现,只不过在此处,"正确"的政体把共同利益作为目标,而所有的"错误"(parekbaseis)政体都会忽略"共同体"(koinōnia,也可理解为"联合关系"),以允许统治者追逐他们自己的私利。在僭主制、寡头制和民主制这三种错误的政体中,僭主制的特点是单个统治者的暴政,寡头制的特点则是富人的权利,民主制的特点则是穷人的权力,追求的是穷人的利益。

紧接着在《政治学》中出现一个问题,即寡头制与民主制的定义相关性问题(3.1279b20 及以下)。当大多数人(plēthos)统治之时,大多数人同时是富人,或是相反当少数人统治之时,而少数人又是穷人,那又该如何定义。这样的情况显然无法按亚里士多德的术语定义,否则相关定义则会自相矛盾。在这时,亚里士多德立场坚定。对他而言,事实就是,在民主制中多数人掌权与寡头制中的少数人掌权,均属偶然因素。两种政治体制的真正差异见于意识形态的对立。在寡头制中,财富是身体地位的评判标准,而在民主制中,自由的身份则是评判标准(1279b34 – 80a6)。在亚里士多德看来(1280a16 – 25,参5.1301a25 及以下),穷人和富人都犯了以偏概全的错误,视自己的标准为唯一:在寡头制中,富人认为财富不平等(即他们更富),所以在所有领域都应是不平等的;在民主制中,穷人认为他们人身自由方面是平等的,所以他们在所有领域都应平等。

当亚里士多德论及"正确的"政体时,统治者的数量是基本标准。然而,《政治学》讨论偏离轨道的政体时,亚里士多德摒弃了这个标准,而当谈及寡头制和民主制时,他放弃了纯粹的理论对比,以图更好地解释寡头制与民主制是如何偏离追求共同利益这个标准的,以及这两种政体是如何相互对立的。换言之,亚里士多德指明,这两种政体是基于对两个对立阶级利益的追求,正是这一点反映了公元前5世纪中期以来希腊世界寡头制与民主制行为的基本观念(参4.1296b22及以下,修昔底德亦有回应)。①

亚里士多德排斥寡头制社会的观念(1280a25及以下),理由如下,寡头制认为共同利益(koinōnia)立足于财富,就像商业合作关系。如果加入城邦的民人仅为了生活,或为了共同防御(summachia),或为了保护经济交往以免遭受不义,那么寡头制观念便占据上风,民人的地位取决于他的财资,社会就仅是民人正当利益的保护人。然而,如果一个城邦的目的是幸福和道德生活,或换言之,是使民人善良而公正的话,那就要另当别论了。这些内容打造了真正城邦的品质,使它迥异于某种契约(sunthēkē)同盟或地缘政治共同体。② 接着,亚里士多德的城邦概念就出现了,城邦作为共同体应积极追求善的生活,此概念不只暗贬了寡头制,还同时隐晦地褒扬了民主制。我们或可将此

---

① 参Lintot [n.2],chs. iii – viii,esp. pp.90ff.,242ff;另一更理论化的论述,参G. E. M. de Ste. Croix, *The Class Struggle in the Ancient Greek World*,London and Ithaca,1981;他在页69 – 80尤其提到亚里士多德,又在页278 – 300提到了古希腊城邦。

② 亚里士多德政治伦理理论中Koinōnia具有基础性的重要意义,其不同于洛克及其追随者的自然状态下的伦理"原子论",为权力提供了另一基础,参S. Everson,"Aristole on the Foundation of the State," *Political Studies* 36,1988,pp.89 – 101。毫无疑问,共同体仅为一种契约或联盟的看法,已盛行于希腊,正如亚里士多德在1280b10及以下所指出的。参Keyt in Keyt and Miller [n.1],pp.252 – 253。"原子论"的概念,参C. Taylor, *Philosophy and the Human Sciences*,*Philosophy Papers* 2,Cambridge,1985,ch. vii。

论述与卷二关联起来（1261a－b），在那里，亚里士多德反驳柏拉图，认为多样性才是城邦的本质，因此城邦的存续基于相互间的平等及所有民人的轮流统治——亚里士多德在卷六认定此原则为民主制的主要特征。因此，两个对立的伦理论争表明，真正的城邦是民主制的一种，就算它不是那种偏离的立足于阶级利益上的民主制政体。①

上述论述在卷三中更加清晰，它紧随关于城邦统治主体共同利益（koinōnia）的讨论之后。亚里士多德以一个典型的寡头制噩梦开场：

> 怎么可能不这样呢？如果穷人仗着人多势众，瓜分富人的财产，难道不是不公正吗？或者有人会说："神明在上，这样的决断是公正的。"（1281a14 及以下）

亚里士多德认为，这样的行为会毁了城邦，因而是不正义的，之后亚里士多德却提出了这样一个观点（1281a14 及以下），即多数人比少数贤达之士更适合掌权，因为一群人集合起来，群策群力，集智集德，比少数贤达之士更智慧、更高尚——因为他们对音乐和戏剧能作出更好的评判。显而易见，那些明言及未言明的雅典公共生活的设想，深深地影响了亚里士多德。柏拉图曾把如下观点归于普罗塔戈拉（《普罗塔戈拉》322d－323a），即所有雅典人均分享了德性（aretē），而修昔底德又把如下观点归于叙拉古的雅典纳哥拉（Syracusan Athenagoras；6.39.1）名下，即大多数人若听从劝导，就能有良好的判断力。我们可以对比这些观点。事实上，亚里士多德旋即增加警示（caveat）：他

---

① Cf. Everson［n. 5］,p. 90,n. 2.

所说的内容未必适合每一大众群体(事实上,某些大众群体与兽群有何区别呢?),即使对某些群体而言为真。接着,亚里士多德提出了一个折中的方法:大众可以在审议和司法工作中占一份额,正如梭伦所定的那样。从一方面来讲,阻止群众参与政治是很危险的(1281b14 及以下);从另一方面讲,即使他们没有专业知识(techne)人士那样的学识和性格,他们作为使用者和消费者,也可以更好地做出判断(1282a14 及以下)。在此尤其要特别指明的是,因为在议会中大众充当的是一个集体,所以这就证实他们被赋予了权力,而将该权力给予其成员中的个人则不太合适。

另有一论述值得注意。有关公正的讨论引出了一个问题,即共同体的某些成员是否可以因为一些超群的能力而得到特权(1282b14 及以下)。社会中的某些阶级索求政治权势中的特权,原因仅在于他们在某一领域有着优越性,亚里士多德试图证明所有这类索求是可以被颠覆的。一个人不能决定哪种形式的优越性具有决定性,也不能将优越性从一个领域转移到另一个领域,更不能在不同的领域实现优势的可度量性。这就否认了任职规则的偏私性要求,如在出生优越者或地主们那里的情况一样(1283a31 及以下)。适用于平民(plēthos)和少数人(1283b23 - 35)的论述略有不同。如果大众要求通过拥有至高权力来进行统治,那么由少数或一个人来统治同样是正确的。相反的,如果某些人因为其德性或财富而要求统治,那么大众作为一个整体将会比他们更富有或更具有德性。

这些有关民主制的基本讨论引出了两件事:第一,逻辑上紧跟着亚里士多德城邦概念的是 plēthos,意即大多数的平民,他们在管理城邦中发挥了作用;第二,亚里士多德认为大众开始追求自身的阶级利益,而不是作为整体的共同体利益,除非对这种追求加以限制。正是基于此原因,亚里士多德将民主制列为异常政体,并且将共和制(politeia)作为一种政体,在该政体下,大众施行统治,但追求的是整个城邦的利益(1279a37 – b3)。亚里士多德认为,城邦中的大部分人在每个领域都具有高尚道德,十分困难,但是这样的德性却可以在与军事道德相关的事物中找到。因此,在共和制(politeia)中,武装力量是最高力量。关于这一点,亚里士多德似乎修改并重新命名了财权政制(timokra-tia)的概念,此概念指在财产持有者中实现有限民主(参《尼各马可伦理学》8. 1160a33 – 6),而该财产的持有者也是重装步兵,因此,这种体制可以体现民主理论的德性。① 照此方法,亚里士多德可以摆脱其关于民主制观点所引发的一些矛盾。

第二,民主制的演变:社会的基础

在卷四中,亚里士多德开始详述共和制(politeia)和三个错误政体,并在心中暗设两个标准,即理想标准和依城邦条件而定的标准,也可以说是使用者导向型标准。亚里士多德在开始就叙述得很清楚,即城邦政体的基本种类就其本身而言不足以作为分析的基础。城邦依据其社会的构成而各不相同,且同时这

① 以重装步兵为基础的共和制(Politeiai),是由雅典在公元前411和前404年间的寡头制改革期间提出的(参林托[Lintott],页153及以下,164及以下),以及在公元前403年民主制恢复之后所提出的(Lysias 34)。本文中的总体观点也可参莱顿的文章,他在文章中强调了富人与穷人之间本质的差别,以及其他有关民主制的辩论,但却并不推崇专家统治;参W. von Leyden, *Aristotle on Equality and Justice*, Basingstoke, 1985, pp. 17 – 25。

也影响了如下结果,即城邦的政体是由城邦民自己选择,还是由一个代表城邦民的立法者来选择(1289b27 及以下)。接着,社会作为一个整体被分为不同的阶级——比如说农民、工匠、武士和审议阶级,也可分为富人和穷人——这基于如下理解,即这些因素是可变的,且在不同形式的联系中创造出了城邦的多样性,正如不同的身体器官间的联系创造出了不同的动物(1290b21–1291b13)。

民主制在此被划定为坏政制中最温和的(4.1289b2 及以下),正如在《伦理学》中所述的一样(8.1160b7 及以下,柏拉图[《治邦者》302a 及以下]的观点是,在所有政体中会有一类为好的形式,而民主制则是最差的,但却是所有坏形式中最好的,柏拉图的这个观点被否定了,因为在坏的政体中没有好的形式)。民主制的定义(1290a30–b20)与卷三(1279b–80a)中的论点保持一致。那不是平民(plēthos)的统治(大多数民人的统治甚至见于寡头制中):那是自由和穷人占多数时的统治。民主制的多样性被按照多种方式加以分析。民众(dēmos)本身被再分为诸多阶层(1291b14–28):比如农民(geōrgoi)、工匠(to peri tas technas or banauson)、商人(to agoraion, to peri ōnēn kai prasin diatribon)和那些与大海有关的人,比如渡船主、渔夫、进出口商人和军舰船员。这就暗示,有这些阶层存在的多样性将会导致民主制的多样性。

民主制在类型学中也有分类(1291b30 及以下),该类型学从最受欢迎的一类中按降序排列,“民主之名称得自平等”。对此亚里士多德可能称之为平等权力(isonomia),该术语如希罗多德所用的那样,被用在讲坛论辩中指不同政体相对的优点。①
这种民主制的更好类型乃用于保持富人和穷人间的平衡,以让
两者不会相互统治。决议由大多数人做出,但是这也暗示了财
富的力量在某种程度上根深蒂固。这看起来在某些方面与雅典
的克莱斯忒涅式(Cleisthenic)的政体相一致,该政体在波斯战争
时期实施,且据亚里士多德和《雅典政制》所述,雅典最高法院
的影响力在此时得到了维护。②《雅典政制》也告诉我们,在公

---

① 在此,笔者的理解不同于牛津译本,因而在笔者的解释中,至少有
一部分来自穆尔甘(参基特与米勒[前揭]的文章,页307-322,尤其是页
318及以下)。穆尔甘将此与6.1318a3及以下所作对比极为恰当,在
6.1318a3及以下中,亚里士多德提及了对他而言什么是最具民主性的民
主制,在该民主制中,穷人和富人在政府中拥有同等的份额,但又接着论
证道,这种民主制没有第二种类型温和,在第二种类型中,地方法官的任
职要求有少量的财产。既然少量的财产(如在雅典,执政官之职向所有人
开放,除了伯里克利时期占优势地位的 *thēte* 之外)不能巩固富人在政府中
的份额,那么笔者无法明白第二种论述何以接踵而至。有关平等权利
(isonomia),可参希罗多德《历史》3.80.6,142.3;5.37.2;修昔底德《伯罗
奔半岛战争志》3.82.8;4.78.2-3;*LGS* 447,450(Athen. *Deip.* 15.695a-
c);参 M. Ostwald, *Nomos and Beginnings of Athenian Demorcacy*, Oxford,
1969,pp. 149-58;G. Vlastos, "*Isonomia Politikē*" in *ISONOMIA*:*Studien zur
Gleichheitsvor-stellung in griechischen Denken*,J. Mau and E. G. Schmidt,Ber-
lin,1964,pp. 1-35。

② 《政治学》3.1274a7及以下;5.1304a20及以下;《雅典政制》23.1;
25.1。尽管笔者接受了弗拉斯托斯(前揭)强有力的论证,即平等权利即
平等主义理想(一个旗帜而非一个标签),只能由民主制来实现,笔者认
为,亚里士多德为意指某政体的术语使用所左右,该政体并非完全民主式
的,而是根据他们自己的主张追求平等;参 Isoc. *Pan.* 178;*Areop.* 60-61;
Thuc. 3.62.3-4,M. H. Hansen,*The Athenian Democracy in the Age of Demos-
thenes*,Oxford,1991,pp. 65-71,此处论及亚里士多德民主类型学的描述,
以及对如下观念的批评,即平等权利是最早用于民主制的正式术语。

元前411年寡头叛乱前夕,克莱托丰(Cleitophon)提出,应有一个委员会来研究克里斯提尼的法律,因为此法律最像祖先的制度(详见后文)。① 亚里士多德本人未在《政治学》中清楚描述克莱斯忒涅的政体。②

在亚里士多德降序排列的其他种类中,第二种政体下的官职立足于财富条件,尽管这些职位很小;第三种允许所有那些无需接受质询(anupeuthunoi)的民人执掌(4.1292a2)。③ 在这种民主制中,法律据说是至高无上的。第四种的情况也是如此,全体民人均可掌权。最后,有一种民主制,在这种制度下拥有至高无上权力的不是法律,而是平民(plēthos),也就是说,议会表决(psēphismata)凌驾于礼法(nomos)之上。此情况的出现是由于有了蛊惑人心的政客。合法的民主制不为这样的政客提供机会,而是让最好的民人来掌管权力。相比之下,那种不受约束的民主制本身开始成为专横的君主(1292a4 – 38)。④

亚里士多德显然打算用这种民主制来代表民主制的本质的堕落。初看时,我们会惊讶于亚里士多德强调礼法(nomos)丢

---

① 参《雅典政制》29.3。

② 亚里士多德仅仅提及了部落改革(6.1319b21 及以下)和外邦人的选举权(3.1275b35 及以下)。

③ 牛津译本将 anupeuthunoi 译为"不存在无资格"。纽曼(卷4 相关内容)将 1292a2 和 1292b35 相比较,看起来我们必须在第一篇文章中补充"kata to genos"[根据出生]。该术语可能是指那些实际上并未被剥夺民人权力却不应授予权力的人(在《雅典政制》13.5 及 21.2 中讨论的一类人)。因而,亚里士多德猜想申请成为城邦官员比申请成为议会成员需要更为严格的出生条件。

④ 纽曼恰当地对比了阿里斯托芬《骑士》(行 1111 及以下)中向 Dēmos 所作的演讲。

失了最高权力。更早的时候(3.1281a34 及以下),亚里士多德就已暗示,法律至上也无法消除阶级间的争斗,因为法律本身就有寡头制和民主制的倾向。这个讨论反映出的论辩焦点涉及雅典民人大会(ekklēsia)中单一会议的至上权。亚里士多德似乎在公元前 403 年民主政体再次建立之后就支持该政体,亚里士多德对此重建的政体颇为熟悉,并知道在该政体中礼法(nomoi)不能被民人大会的单个决定所推翻,而仅可由立法者加以废除或补充,而立法者的结论要在大众法院中(dikastērion)加以评估。然而,亚里士多德本人在此并没有对公元前 5 世纪和前 4 世纪的民主制加以区分,在随后的文字中(1298b28 及以下),亚里士多德明确指出,最极端的民主制形式正是雅典现在正在使用的制度。① 亚里士多德本应该尤其反对修昔底德时期的实践,那时没有足够的保护措施来防止议会将法律置于议会的掌控之中。最典型的例子就是,在公元前 406 年的阿尔吉努塞(Arginousai)战役之后,对众将军的审判即是依据临时(ex tempore)设计出来的程序进行的,这个程序启动是为了震慑那试图阻止该程序的人——无论此人系演讲者还是议会主持。其中一位议会主持试图对抗此程序,但没有成功,此人便是苏格

---

　　①　在《雅典政制》中没有提及 nomothesia[立法]问题,除非在有关法院选举的讨论之后,佚失的文字包含这些内容。相反作者(41.2)利用dēmos[大众]问题强调最高权的保持,无论方式是经由议会还是法院。立法程序的基本来源包括:Dem. 24. 20 - 3, 38; Aesch. 3. 38 - 40;参M. H. Hanse, *The Sovereignty of the People's Court in Athens in the Fourth Century B. C*, Odense, 1974;M. H. Hanse, *The Athenian Assembly in the Age of Demosthenes*, Oxford, 1987, pp. 98, 174。

拉底。①

这些民主制的级别,至少部分而言,与一定阶层掌握最高权力有关(1292b25 及以下)。民主制依照法律最先与农民的最高权以及那些拥有中等数量财物的人有关(因为农民必须工作,只要求参加最少数量的集会)。最高权力亦有可能落入那些或为无可挑剔的贵族、或自由人之手,假如他们有闲暇时间参与政治,并且城邦不必支付他们工资,而他们也不必然从事工作的话。然而,在最后的类型中(1292b4 及以下),城邦既大且繁荣,由于大众至高无上,所有的人均享有民人权利,并且可以参与政治,因为他们得到了报酬,同时还因为他们脱离工作而有了闲暇时间。

再说,雅典历史的影响显著。亚里士多德将自伯里克勒斯时代以来的雅典民主制的一个重要特征作为他的一项标准——而这一特征深受民主制批评家的抨击。取消报酬(mistho)是公元前 411 年的寡头制计划的重要内容,并且这一计划的部分内容由五千人的"温和"政体所再次确定。在公元前 5 世纪末的动乱之后,报酬再次成为公元前 4 世纪的民主制的一个特征,并且民主制的规模和人口数量都有所扩大。② 亚里士多德主张的取消报酬(mistho)似有危险,乃基于两个原因:其一,它吸引了

---

① 参色诺芬《希腊志》1.7.9 及以下;柏拉图《申辩》32a – b。

② 阿吉希俄斯(Agyrrhios)再次介绍了议会的报酬是每天 1 奥波洛(obol),赫拉克利德斯(Heracleides of Clazomenai)将报酬提高到每天 2 奥波洛,接着阿吉希俄斯又再次加到了每天 3 奥波洛(《雅典政制》41.3)。所有这些均发生在公元前 403 年到阿里斯多芬《公民大会妇女》(前 393 – 390 年)诞生之间,参行 289 – 311,392。接着,在《雅典政制》完成之前,每个五百人会议中的主要议会,报酬提高到 9 奥波洛,其他议会则是 6 奥波洛(62.2)。

错误的一类人进入议会;其二,它使得这类人信从蛊惑人心者。

亚里士多德继续简明地谈论共和制(politeia,1293b22 及以下)。共和制现在被描述为寡头制和民主制的混合体,附带条件是,实际上人们用此术语称倾向于民主制的混合体,而将那些倾向于寡头制的称为贵族制。普遍性的定义得以详细阐述,则是通过解释如何采用不同运作模式使得政体得以成为混合体(1294a 30 及以下)。其中一个模式是结合寡头制和民主制的标准概念。寡头制借助罚金强迫富人担任陪审员;民主制则通过报酬鼓励穷人担任陪审员,但也不要求富人缴纳罚款;共和制(politeia)就都有罚款和报酬。第二种创造共和制的模式是寻求一个折中的办法,凭借立足于中等数量财产条件之上的议会(财产不能太多,也不能太少)。第三个模式是混合制度。通过抽签任命要职比选举更为民主,而有财产条件方面的要求则是寡头性质的。然而,共和制(politeia)选举要职不受财产限制。①

目前,民主制已经被公认为政体的一种形式:穷人为自身利益而施行统治;根据占统治地位的贫穷阶层的特定情况,民主制呈现多种形式;民主制也分等级,其等级取决于法律(nomos;定法)相对于法令(psēphismata;个别法令)而言重要性的程度,以及参与议会人员的广度——意即由于缺少政治报酬且参政成员仍需工作,就存在立法(de iure)财产资格或事实(de facto)财产资格之差别。定法的重要性将会特别影响地方法官与议会的关系。

在卷四较后的位置,亚里士多德在讨论所有政体的三个主要

---

① 反面——即官员从那些具有财产条件的人中抽签选出——是《雅典政制》中梭伦式政体的变体(8.1),但是在《政治学》3.1273b40 和 6.1319a29 处坚称官员是由选举而来。

特征时,介绍了变体的深化形式(1298a9 及以下)——这三个主要特征为审议团体的本质、官员选举的模式和司法团体的本质。民主原则就是每个人应该谨慎考虑所有事情,但实现此目标的方式却各异。其中一个就是官职轮换系统,比如由米利都人特里克勒斯(Telekles the Milesian)设计的政体以及其他政体,这些政体均立足于部落和其他较小的政治单位,在这样的政体中,所有人轮流执政,议会的召开只是为了制定法律或政体程序,也或者是为了听取那些掌权人的指令。在第二种系统中,公民大会的召开只是为了选举、立法及决定战和,最后还要审查执政官员,其他事情则留给执政官员,而官员则由抽签或选举从整个民人团体中选出。第三种在原则上也很相似,但大多数日常事务均由官员处理,这些官员尽可能都通过选举产生,特别是需要专业技能的时候。只有第四种系统保留了议会的所有审议权,官员不再拥有决定权,只有对问题做初步检查的权力。亚里士多德补充道:

> 今天盛行的最末的一种平民政体采取的就是这种方式,我们把这种形式的平民政体比作寡头政体中的强权政体和君主政体中的僭主制或暴君制。(1298a29 – 33)

第三,民主制的本质特征

有关民主制机构最详尽的描述出现在卷六的附录中(1317a16 及以下)。亚里士多德于此讨论的主要主题是如何捍卫政体。他对离题论述的解释是,并不只有一种民主制(不仅是 dēmos[大众]多样性的结果,也是民主制特征组合方式的多样性的结果),并且正确和合宜的方法必须适应每个政体。

亚里士多德在此陈述了两者的原则(假设),接着又谈到了典型的民主制机构或行为。主要的原则（1317a40）是自由（eleutheria），自由又被分为两个子原则，第一个就是轮流统治和被统治——该原则被亚里士多德在卷二中整体上奉为城邦真正的特征（1261a－b）。在此，亚里士多德论证道，既然民主正义基于数字平等，而非价值平等（worth），那么大多数人的决定必定是权威性的，且构成了何为正义的内容。在民主者眼中，这不是有关轮流统治和被统治的详尽定义：这并未涉及民人官职的分配（详见下文），而仅间接提到了其中一方面。议会中的民人可以帮助制定法律并且必须遵循法律。另一个子原则（1317b11 及以下）就是，过自己希望过的生活。亚里士多德坚持认为，这按通常观点来看即是自由的实现，因为所过的生活与希望相反正是奴隶的特点。通过与第一个原则对比，民主思想意识形态在卷五（1310a30 及以下）中已被亚里士多德当作不好的事物而摒弃，因为它威胁到政体的存在。①

　　支持这些原则的实践有如下几方面（1317b17 及以下）：第一，所有选举应由整个民人团体举行，且候选人应来自整个民人

---

　　①　按某人喜好行动，此概念亦为某种漫画式描述，并且无论在多么民主的希腊城邦中，几乎都不能用其断定行为举止。柏拉图在《王制》8.557b 中，将此作为民主人士的特征，参 560e, 9.572e。伊索克拉底使用类似的措辞（Areop. 20; Pan. 131）来指责当时的民主制，并与古时克莱斯涅的幸福时代做比较。参 Newman, iv. 496。然而，在此有一项民主原则，明显与轮流统治和被统治的原则有相反的意义。可参 Hdt. 3.83.2，在波斯共谋者之间展开辩论之后，民主制的拥护者奥坦尼（Otanes）说："我既不想统治，也不想被统治。"还有在葬礼演讲中所指的个人自由，均是如此，可详见下文。Eleutheria[自由]的民主概念中有关个人和私人自由的重要性，见汉森，前揭，页 73－81 的出色讨论，此讨论根据现代个人权力观点，强调相似点而非不同点。

团体;第二,所有人统治每个人与每个人统治所有人轮流交替;第三,所有不要求具有特别的知识和技能的官员需通过抽签选出;第四,官员不需要有任职的财产条件或者至少只需最低的财产条件;第五,人们应该尽可能少地重复担任同一个官职,除非是在战争时期,并且这些官职的任期须尽可能缩短;第六,陪审员必须由整个民人团体担任,或者从整个民人团体中选出,且应涉及所有事务,或至少涉及最重要的事务;第七,议会必须掌管所有或大部分事务,而官员则不掌管事务或者尽可能少地掌管(在民主制中,没有钱支付给所有人,地方议会[council]就是所有官方团体中最民主的);最后,必须全部都有报酬,即所有的议会、法院的成员以及各级官员,如果达不到此要求,至少报酬要付给法院、地方议会和全体议会,或者要求所有官员共餐。所有这些实践都有利于民主式的轮流统治与被统治。相比较而言,亚里士多德没有论述人想要过的生活具体是什么样子。

　　亚里士多德抓住了民主制的主要特征,这些特征亦为生活于其中或为官于其中的人们所理解,且在修昔底德所述的伯里克勒斯的葬礼演说中展示出来。据此,民主(dēmokratia)得其名,其制度非为少数人,实为大多数人。伯里克勒斯强调了民人作为个体的平等以及任职财产条件的缺乏,这成为亚里士多德构想中"轮流统治"的基础。亚里士多德同时指向私人生活中的自由:亚里士多德声称,雅典人从不给个人施压以要求个人遵从社会规范。① 此外,雅典人服从地方法官和法律。在此,我们

———————

① 修昔底德 2. 37(亚里士多德称为大多数人的利益的组织为 to di-kaion to dēmotikon,参 1317b2)。轮流统治和法律前平等,在与葬礼演讲的同时的一段文字中也被称为民主原则(Eur. *Supp.* 404 – 8,429 – 34)。

还有"轮流被统治",即亚里士多德思想的另一半。如果正如亚里士多德所想,民主制原则本质上是伯里克勒斯式的,那么大部分具体描述的实践——比如,议会统治和支付报酬给参与者——均遵从雅典式民主制,并且这些很明显都倾向于表现极端民主制类型。

第四,民主制的维护

亚里士多德为维护这种政体开出的方案——一种严格按财富比例叠加投票的方式(1318a27 及以下)——有点奇怪,难于认真对待,不过,这个问题在亚里士多德的假设中是实实在在的存在:既然立法者认为穷人与富人阶级的存在是无可避免的事实,那么为了避免阶级冲突,立法者不得不在穷人与富人之间创造某种民主的平等。了解亚里士多德关于投票形式的观点本应十分有趣,他按财富叠加投票,此法见于罗马的百人议会(comitia centuriata)中。①

接着,亚里士多德转而论述其他民主制形式(1318b6 及以下),以他自己的偏好开头,在目录中首先列举的形式最古老——实际为波斯战争前的雅典政体,正如亚里士多德在《政治学》中所理解的那样,此政体亦遵守梭伦的原则(参

---

① [译按]百人议会,即罗马共和国时期,从民人中选出一百个人组成的议会,主要为立法、选举、军事和司法服务,坚持少数服从多数原则。只有百人议会才有权力发动战争,选出罗马的最高地方行政官,以及通过法律来保障行政命令的权威性。参 Lintott, *The Constitution of the Roman Republic*, Oxford University Press, 1999; Frank Frost Abbott, *A History and Description of Roman Political Institutions.*, Elibron Classics, 1911。

2.1274a35 - b21 和 3.1281b32 - 5)。① 该政体立足于农民,有限的政府管理即能让农民满意,然后他们会花费大部分的时间在农事上。所有民人都可以选举地方法官、参加离职审查(euthunai)与庭审,前任地方法官就在离职审查(euthunai)时作报告。担任地方行政官则有财产条件限制,或者须是贤能之人,即有能力者(hoi dunamenoi,该术语与 dunatoi 相近,是修昔底德对富人统治阶层的标准表达)。因此,更好的一类人则被赋予统治权,他们将正义地统治,因为他们在任职期间的活动也要接受审查。在亚里士多德的观点中,受制约(to epanakremasthai)和不能为所欲为是好事——或许这是混合政体理论的"检审与平衡"的第一个标志(1318b 38 - 9)。② 作为附录,亚里士多德主张对土

---

① 尽管亚里士多德在 3.1273b35 中并没有如某些人(enioi)那样,公开支持对梭伦措施的肯定,但通过有关雅典民主制的描述,这种支持就变得显而易见,眼前文字更强化了读者们的印象。值得注意的是,地方法官的选举正是亚里士多德赞赏梭伦政体的重要部分。如果我们相信《雅典政制》8.1 中的看法代表着亚里士多德后来的观点,即地方法官由抽签选出以成为预选团的成员,那么这不仅仅标志着历史问题观点的改变,也标志着信念问题的摒弃。将梭伦式民主制的重建为现行民主思想体系,相关章节可参汉森的相关文字,M. H. Hansen, "Solonian Democracy in Fourth - Century Athens," in *Aspect of Athenian Democracy*, ed. J. Rufus Fears (*C&M.* Diss. xi,1989),71 - 99;此文强调最大化的解释与最小化观点之间的差异,前者见于《雅典政制》以及如德摩斯梯尼的演说家,而后者见于伊索克拉底(特别是 7. *Areop.* 22 - 7.36 - 57)和亚里士多德笔下的温和民主派梭伦的观点。

② 亚里士多德混合政体概念与后来的(波里比亚、西塞罗式和现代早期式)"相互制衡"理论间的差异,参尼波尔的相关作品:W. Nippel, *Mischverfassungstheorie and Verfassungsrealität in Antike und früher Neuzeit*, Stuttgart,1980,p. 57ff,p. 142ff。

地所有权的某种古老限制,以创造出一个农民的民人团体
(1319a4 – 19)。

亚里士多德对其他民主制的论述更加粗略(1319a39 及以
下),但是他也确实认可了某些措施,比如克莱斯忒涅所用的那
些(1319a19 及以下),①也就是创建新的部落以创建政治联合
体,从而改善民主制的极端形式。亚里士多德同时辩称,不要让
法庭上的定罪程序对穷人开放(1319a33 及以下),以防滋生蛊
惑人心的检察官:这费用应该节省。正如我们可能所期盼的,对
于付给穷人公共款项,亚里士多德大体上保持谨慎(1320a17 及
以下),除非有收入(prosodoi,即像雅典帝国那样的收入)。如
若没钱,此项开支会被保持最少。设若出现这样的情况,立法者
必须意识到,穷人是"渗漏的筛子"(1320b31 – 2),应该避免简
单地分发资金,相反应建立基金以帮助他们获取土地或增加用
于耕作和贸易的资本。

三 亚里士多德与民主思想体系

亚里士多德在卷六中对民主制的解释首先是立足于已经在
雅典发生的事之上(这些事或多或少在其他民主制中也发生
了,只是记载甚少,不过这些民主政体均以雅典作为模型),第
二,这些解释是基于一个思想体系,此体系至少要追溯到修昔底

---

① [译按]克莱斯忒涅(Cleisthenes):古希腊雅典城邦著名政治改革
家,出生于高贵的阿尔刻迈翁家族,在梭伦改革的基础上又进行了改革,
历史学家称他为"雅典民主制之父"。

德创作的时代,且很可能自公元前5世纪60年代以来首次得以明确阐明。亚里士多德也谈论到,在民主制中,社会中的各阶层间会有更好的平衡(4.1291b30及以下)——该现象在雅典早期历史中有证据表明,也的确出现于其他民主城邦中。这种平衡政体背后的思想体系有可能被认为与梭伦一样古老,梭伦曾宣称给予了大众(dēmos)足够多的特权(残篇第5,West)。该思想肯定能在公元前5世纪末找到,并与伯里克勒斯的解释并存,这一点可以从修昔底德安排演说家锡拉库扎(Syracusan)的雅典纳哥拉(Athenagoras)所讲的话中判断出来。修昔底德谈及富人、智者以及众人,他们既作为部分也作为整体在民主制中享有平等的份额,并且修昔底德指责年轻的政客不想与大众共享平等权力(isonomia,6.39.1和38.5)。对雅典纳哥拉来说,重要的是鼓励智者谨慎思考,而最后的决定是由大多数人做出。①

迄今为止,笔者谨慎地强调了亚里士多德对民主制的态度的积极方面——亚里士多德认可了理论上对它的支持,理解其独有的特征及内在原因。然而,其否定态度的基础亦明显。尽管亚里士多德熟知一种各阶层利益得以平衡的民主制形式(4.1291b30及以下,参6.1318b6及以下),但他仍相信最符合分类特征的民主制形式是追求穷人利益的那些政体,并且这样的政体完全处于典型的寡头制的对立面(3.1280a7及以下)。同样典型的是民主制变体,另有文字涉及此问题(4.1298a10和

① 在雅典纳哥拉的演讲中,关于叙拉古民主制中富有的上层阶层的重要性,可参林托之书[前揭],页189及以下。亚里士多德相信,战胜雅典的成功改变了叙拉古的社会,这与雅典战胜波斯从而改变了雅典社会的情况相同(《政治学》5.1304a27及以下)。

28-31),在该变体中,所有的审议和决策都是议会的职能,而不会交给地方法官,无论此职位是选举还是拣选而产生的。

尽管亚里士多德以论述表明,由大多数人所做的决定比由几个专家所做的决定更加明智(1281a40及以下),但实际上他并不情愿去相信这种决定,唯有少数几个中心问题例外(参1298a11及以下,关于尽可能避免由民人团体完全决定所有的事)。亚里士多德更偏爱一种大众(dēmos),只允许有限度地参与议会(因为要忙于农活),特别当可供选择的大众是由工匠、小商人或者体力劳动者组成的时候。该议题隐含在卷四的分析中(1292b22及以下),并在卷六中得以明确解释(1318b6及以下,另参1319a19及以下)。最好的民主制形式是由农民组成的;次好的就是以牧人为基础的形式,因为他们健康而尚武,并且就像农民一样为生活而忙碌。立足于工匠、劳工和小商人之上的民主制是最差的,因为这些阶层的生活不涉及道德(1319a26),由于工作要求他们在城市里闲荡,他们又能够成为议会的固定参与者。①

四 亚里士多德与雅典历史

将亚里士多德对民主制的质疑仅仅归因于柏拉图式学说的影响则太过于简单化。尽管在《政治学》的卷七和卷八中,亚里

————————

① 在一位古老的希腊作家看来,牧人阶级地位的提升是件不寻常的事。牧人极少见于我们的古代文献中,并似乎总被视为游离于文明的边缘,如在Dio Chrys. *Or.* 7中,参 L. Robert, "Bergers grecs," *Hellenica*7, 1949, 152-160。

士多德勾画了理论社会的蓝图,且在某些方面与柏拉图的《法
义》中所提到的内容相似,但亚里士多德在适当的时候仍准备
尽量远离柏拉图——诸如《王制》中涉及的财产与妻子共有问
题(2. 1261a),《王制》和《法义》对幸福缺乏关心的问题
(1264b),《法义》中提出的不切实际的城邦问题(1265a – b),以
及《法义》中政体的寡头制偏向问题(1266a)。

　　亚里士多德对城邦中较贫穷的阶层的态度更有说服力,该
阶层即小商人(*agoraioi*)、工匠(*banausoi*)和体力劳动者(*thētes*,
3. 1278a8 及以下;6. 1319a19 及以下;1331a33 及以下)。他们是
自由人,因而不能被当作奴隶;但是,亚里士多德对于他们参与
共和制有最大限度的保留,即便是在《政治学》主要涉及更多实
际问题的部分亦是如此。这不是受教育的知识界对未受教育者
的偏见吗? 不完全是,因为它没有阐明亚里士多德偏爱农民甚
至是牧人,胜过城邦中的无产者的原因(1318b 及以下)。基于
同样的理由,也不能歧视那些为生活而工作的人:事实上对工匠
的反对,部分是由于他们可以抽出时间参与议会投票,而农民却
不行。亚里士多德的态度似乎与他对雅典历史的解释密切相
关——在笔者看来,《政治学》中所展现的观点,比在《雅典政
制》中找到的略有些含混的观点显得更加尖锐——在对雅典的
历史解释中,蛊惑人心的政客被视为恶棍,而匠人则是卑微的受
骗者(参 4. 1292a4 及以下,b41 及以下)。

　　在卷二讨论立法者的这一部分,可以发现亚里士多德概述
了雅典政体的堕落过程(1273b21 及以下)。亚里士多德评述
道,一些人认为梭伦是个很好的立法者,因为他推翻了极端的纯
寡头制,结束了大众[民主政体]的奴隶制,并且以杰出的政体
混合方式建立起"古老的民主制"。在此政体中,雅典最高法院

（Areopagus）是寡头性质的，官职的选举是贵族制的，而法庭的构成则是民主制的。在其他人看来，民主法院（通过抽签选择成员）是个错误，因为抽签这个方式的力量越来越大，并且每个人都试图得到它的支持，于是产生了"当今的"（指公元前4世纪）民主制。进一步说，厄菲阿尔特斯和伯里克勒斯削减了最高法院的力量，而伯里克勒斯又建立起有偿陪审员制度，此后这一制度被后来的煽动家发展为"当今的"民主制。在亚里士多德看来，这本不是梭伦所造成的，而是在波斯战争之后，由民众（dēmos）的骄傲自大和接受压制公平的邪恶煽动家的鼓动所导致的。① 梭伦通过官职的财产任职资格体系，只给了民众必要的权力（亚里士多德在此解释了梭伦自己的话［参残篇第5，West 编本］："我给了民众（dēmos）足够多的特权"）。

亚里士多德将梭伦式政体及其各因素的混合状态拿来与其他形式对比，如亚里士多德所示，随着时间的推移，这些形式成为越来越纯粹的民主制模式（令人关注的是，亚里士多德在此语境中并未提及克莱斯忒涅）。在此处，亚里士多德暗示他接受了梭伦式政体，但亚里士多德并未提及民主因素的社会基础，而根据卷六的内容来看（1318b6 及以下），亚里士多德一定觉得此社会的基础正是农民。对亚里士多德而言更重要的是，议会不能垄断决议：通过选举产生的官员有一席之地，最高法院的寡头制委员会同样也有。

---

① 在《雅典政制》25 中，煽动家是厄菲阿尔特和忒米斯托克勒斯（Themistocles），而在 26.1 中，epieikesteroi［衡平法庭］没有领导者，而由西蒙（Cimon）掌管。

五　居间者——解决之道？

对大多数人而言，什么政体为最好，我们正是在这样的讨论中得知了更多关于梭伦的信息(4. 1295a25 及以下)，在该讨论中，正如个人道德在于中庸(《伦理学》2. 1106a14 及以下)，政体也同样如此。此类比略有些牵强，但据此可称，居间者(hoi mesoi)①即中产阶级(该术语在《政治学》中指他们的财产和特征)是城邦中最好的一部分，此说法合乎情理，因为他们远离暴力与轻微的罪行，不追求官位，也不逃避官位，然而其他阶层，要么希望成为掌控奴隶的暴君(富人对穷人的态度)，要么愿意成为奴隶，顺从奴隶主(比如工匠[banausoi]和小商人[agoraioi]对富人的态度)。

> 城邦便不再是自由人的城邦了，而成了主人和奴隶的城邦；一方心怀轻蔑，另一方则满腹疾恨。对于一个城邦至关重要的友爱和交往已经见不到了，而交往中本来就有友爱，然而一旦人们反目成仇，他们甚至不愿意走同一条路。(1295b21 及以下)

该说法让人再次想起梭伦(参残篇第 4 和 9)。居间者在本质上确保了一个城邦由平等和类似的人(isoi kai homoioi)来统治，这些人也是最适合合作(koinōnia)的人。与此相似，居间者通

---

① ［译按］居间者(mesoi)，这个希腊语词的含义为"在中间的、适中的、中庸的"等。参罗念生，水建馥编，《古希腊语汉语词典》，北京：商务印书馆，2004，页 535。

过限制财产的不平等性来防止内部争斗(stasis),并可以更长时间维护民主制,因为穷人不会如此坚决地声张他们的要求(1296a7及以下)。最好的立法者是来自居间者(1296a17及以下)。梭伦就是其中之一(在他的诗歌中,这一点很清楚),吕库尔戈斯(Lykourgos)、卡戎达斯(Charondas)和其他人也多属此类。①

事实上,对亚里士多德而言,居间者的统治仍为空想,或本应如此设定。亚里士多德继续指出(1296b22及以下),整体而言,政体已经被城邦中更有权力的力量所操控,当财富占优势时则产生寡头政体,而民主制时政体就为平民掌控。希腊各主要城邦的政策再次印证了这种情况(亚里士多德此处意指雅典、斯巴达以及公元前4世纪的波伊俄提阿[Boeotia]),各邦还在其他城邦面前偏袒自己的政体,不管它是民主制还是寡头制。这段文字也是回应修昔底德有关内部纷争(stasis,3.82)的著名离题论述,特别是当亚里士多德论及如下内容时更是如此,即财富和大众(dēmos)未能建立起共同而公平的政体,而是让对胜利的奖励(athlon)超越了公平(1296b29及以下,参Thuc.3.82.8)。同样值得铭记的是,居间者的概念出现在修昔底德的作品的同一章节(在此称为政治上的居间者[ta mesa tōn politōn]):在内部纷争中,居间者会

---

① [译按]吕库尔戈斯(Lykourgos):出生于公元前396年,古希腊史家,十大著名演说家之一。参 A. E. Haigh, *The Attic Theatre*, Oxford: Clarendon Press, 1898; Sir Arthur Pickard – Cambridge, *The Theatre of Dionysus at Athens*, 1946。卡伦达斯(Charondas):出生日期不详,意大利卡塔尼亚著名的立法者。他所制定的法律最初是诗句写成,被意大利和西西里岛的殖民地采用。亚里士多德认为,卡伦达斯的法律并没有殖民地特点,还高度赞扬他所制定法律的精确度。他后来自杀而死,据说是因为他携剑进入公众议会,这与他所制定的法律相违背。参 W. K. Lacey, *The Family in Classical Greece*, Ithaca, NY: Cornell University Press, 1968。

被争斗双方所毁,要么因为他们没有表明立场,要么因为人们妒忌他们能得以幸免。亚里士多德以如下内容作结(1296a38 及以下),在前述这些居于统治地位的人中,唯有一人被说服实施温和的政体(mesē politeia)。在笔者看来,这个人就是梭伦。①

六　异常与煽动

在亚里士多德看来,雅典民主制准确来讲是异常政体,是对平衡政体的变异,而亚里士多德将此平衡政体与梭伦联系起来。后者至少是接近好政体形式的一种,即共和制(politeia)——在亚里士多德看来,该术语最适用于混合政体,它应是结合寡头制和民主制的特征而创造出来的(1294a15 – b41)。梭伦的政体似乎也能适合民主制最宽泛形式的定义,并且其政体也与平等和共同体相联系(1291b30)。此外,亚里士多德将极端民主制描述为如下政体,即命令(psēphismata)而非法律在其中具有权威,这乃由

① 　显然,从亚里士多德所说的看来,梭伦是满足这个描述的首要候选人,因为他是温和人士,创造了一个巧妙的混合政体(《雅典政治》,前揭,页125)。纽曼(Newman)偏爱塞拉门尼斯(Theramenes, i. 370;iv. 220)。后者的声明是立足于"5000 人政体"之上,修昔底德(8. 97. 2)称之为"多数人与少数人权力的温和融合(metria xunkrasis)"——亚里士多德认同此观点,并将其解释为居间者的提升。然而,亚里士多德对此并未明确陈述,并且本文对某位人物的强调也不会指向塞拉门尼斯,因为修昔底德之书和《雅典政制》(33.2)中都认为政体既是贵族也是塞拉门尼斯的成果。任何与亚里士多德处于同一时期的统治者和立法者,均被一种对比排除在外,即"前部分"与同一句子的后半部分之间的对比,"但是甚至于在城邦中的那些人也促进了该趋势……"。

于煽动之故(1292a6 及以下),而亚里士多德的描述明显与他的如下信念有关,即自厄菲阿尔特时代以来的煽动家推翻了梭伦的政体(1274a5 及以下,参 1305a28 及以下)。

在亚里士多德眼中,民主制的更深一层的弱点就是其脆弱性。正如柏拉图在《王制》卷八中所谈的一样,亚里士多德论述道,民主制往往会借助煽动家行为催生僭主制,即这些煽动家给富人搞破坏,要么控告他们,要么提出重新划分土地,或要求自由的公共服务(leitourgiai),直接破坏富人的财富(5. 1304b19 – 1305a7)。值得关注的是,亚里士多德在他的解释中提出了两条不同的线索。一是(1305a7 – 27,参 1310b12 – 1311a8)回忆柏拉图对煽动家的描述(《王制》8. 557a 及以下,562a 及以下)。煽动家由于对富人加以抨击从而获得了人们的信任,赢得了政治上的追随者,从而自己成为僭主。亚里士多德试图用与当时相近的例子狄俄尼修斯一世(Dionysius)来证实该论述,狄奥尼修斯一世是柏拉图的原型,此外还有古风时期的例子庞西斯特拉托斯、居普塞洛斯及泰阿格涅斯(Peisistratos,Kypselos 及 Theagenes,①后一个例

---

① [译按]庞西斯特拉托斯(Peisistratos):公元前 561 年到 527 年间的古希腊僭主。他的主要贡献是确定泛雅典娜节和首次给荷马史诗一个准确的定义。他支持雅典的底层阶级。在位期间,庞西斯特拉托斯对抗贵族,大幅度削弱他们的特权,没收他们的土地,分给穷人,并给宗教和艺术活动拨款。参 Simon Hornblower and Anthony Spawforth, *Peisistratus*, The Oxford Classical Dictionary, vol. 3, Oxford University Press, 2003; Joseph Roisman, J. C Yardley trans. , *Ancient Greece from Homer to Alexander*, Blackwell Publishing Ltd, 2011; 居普塞洛斯(Kypselos), 公元前 7 世纪古希腊科林多第一位僭主; 泰阿格涅斯(Theagenes), 古希腊麦伽拉僭主。相关参考文献甚少。在亚里士多德的《修辞学》中提到, 泰阿格涅斯是要求随身保镖的僭主。参《修辞学》1357b,《政治学》1305a 22 – 24。

子十分可疑,因为无人能在极端民主制下成为煽动家;最多,庇西斯特拉托斯是梭伦式民主政体中的煽动家,他颠覆了亚里士多德将梭伦之成就加以神圣化的企图)。第二条线索就是煽动家通过激发对寡头或僭主式阴谋的反应,创立僭主制(5.1304b19-1305a7;参1310b9)。亚里士多德引用的例子有:科斯岛(Cos)、玫瑰岛(Rhodes)、赫拉克勒亚·朋提卡(Herakleia Pontica)、麦伽拉(Megara)、伊奥尼亚(Ionia)的库迈(Kyme)。① 该论述在某些方面与希罗多德所做的著名辩论相似,在此辩论中,三个最重要的波斯人讨论了君主制、寡头制和民主制的优点。最后一个演讲者达瑞斯(Dareius)论述道,民主制由坏人(kakoi)发起阴谋,损害共同利益,产生危害(kakotēs),直到有一个人成为民众领袖,结束这些阴谋,并使自己成为君主(3.82.4)。希罗多德的君主领袖明显与亚里士多德的君主制或寡头制阴谋集团并不等同,因为就算前者不是煽动家,其本身也是广受欢迎的胜利者。然而,此君主领袖所发挥的作用,与民

————————

① [译按]科斯(Cos),希腊岛屿,位于爱琴海东南,是多德卡尼索斯群岛中的第二大岛(次于罗得岛),面积288平方公里,主要城市科斯在北岸,最高峰迪卡伊沃斯山海拔846米。玫瑰岛(Rhodes),一译"罗得岛",希腊佐泽卡尼索斯(Dodecanese)群岛的最大岛屿,位于爱琴海最东部,与土耳其隔马尔马拉(Marmara)海峡相望。赫拉克勒亚·朋提卡(Herakleia Pontica),小亚细亚的卑斯尼亚海岸的古老城邦,位于利克斯河河口,由希腊麦伽拉城邦建立,以赫拉克勒斯的名字命名。麦伽拉(Megara),一译"墨伽拉",希腊城市,在阿提卡和科林多之间,临萨罗尼克湾,北有峻山,南为平原。伊奥尼亚(Ionia),古希腊时代对今天土耳其安那托利亚西南海岸地区的称呼,即爱琴海东岸的希腊伊奥尼亚人定居地。库迈(Kyme),古希腊屯垦区,位于那不勒斯西北。库迈是希腊在意大利本土的第一个殖民地。

众的最初领袖相关。①

七　结论

笔者一直试图展示,亚里士多德的反民主情绪比他自己的学说或柏拉图的学说有更为广泛的基础,也定超越了单一的贵族偏见。这些情绪源远流长的家世,可以上溯到梭伦本人,在有关雅典历史的独特观点中有着经验性的基础。有一些来自历史的结论,运用于雅典时,显得似乎不妥当。尽管根据亚里士多德的标准,雅典民主制是最坏的形式,但它却异常稳定:直到亚里士多德离世,总共也只有两个主要的动荡,都在公元前 5 世纪末,一个是由军事失败引起,另一个则是战败在推波助澜。然而,许多个别批评都直击要害。在很大程度上,大众(dēmos)总是追求自身的阶层利益,煽动家时常追求个人利益而不是共同体利益,而决议往往并不是由最具品质的人做出的,并且在公元前 5 世纪时,当时盛行的信念可以凌驾于法律之上。在一定程度上,亚里士多德与公元前 5 世纪对雅典政体作寡头式评述的作者很像,这些文章还可以在《色诺芬全集》(*Xenophonic Corpus*)中找到。亚里士多德详尽地阐述了构成民主制的元素,并赞美这些元素的连贯性,但是厌恶如下

---

① 参林托之书(前揭),页 239 – 240,249。至于希罗多德脑海中是否有具体的例子,倒是个好问题。他很有可能受早期西西里岛僭主制的影响,此僭主制由格伦(Gelon)建立,公元前 486 年攻占叙拉古时,格伦结束了民主运动(希罗多德 7. 155 – 6)。

结果,即由大众(dēmos)提供的便利是为追求自身利益。①

　　与这种强烈的有根基的厌恶感并肩而立的却是亚里士多德自己的政治伦理观念,亚里士多德把城邦定为一种合作或共同体(koinōnia),使其存在于通过优质生活来追求幸福的过程中。亚里士多德拒绝认定城邦只是基于军事或经济目的的联盟,以至于这样的城邦就可由核心权威来掌管,无论是君主式还是寡头式(3.1280b17 及以下)。真正的民人必须参与到掌管自己的事务中去(参4.1295a25 及以下;7.1328b26 及以下)。否则,如果他无论是作为一个个体,还是共同体的成员,都不能做出道德上的决定的话,那么他怎么能够获得德性呢?

　　如果民主制的解决办法不能产生共同性(koinōnia),那么亚里士多德能够提供更好的一个吗? 亚里士多德在卷七和卷八中提及有关乌托邦的政治体制,结构太过含糊,不具实践价值。亚里士多德支持梭伦政体对参与政治的限制,这更让人信服。但是,历史表明这样一个政体没有极端民主稳定;同样的,该政体被认为是不充分的民主,不能满足真正的共同性(koinōnia)要求。

---

　　① 色诺芬《雅典政制》1.1 - 4 及相应各处。

至高德性:《政治学》中的君主政体问题

纽威尔(W. R. Newell) 著

袁莉 崔嵬 译

亚里士多德作品的新近解释者希望从其作品中寻求大同主义方案来替代当代的自由主义。尽管这些解释差异很大,但都希望亚里士多德的政治哲学的复兴既可以减轻自由传统中先天(a priori)的个人主义色彩,又不影响其更广泛的民主思潮。其中最近拜纳(Ronald Beiner,1983)的研究较为著名,拜纳效仿伽达默尔(H. G. Gadamer,1975,1976,1983),从亚里士多德笔下寻找一种哲学,认定公共性的"演说"而非"技术知识"才是构筑我们的政治实质的内容。拜纳和伽达默尔都认为,发现亚里士多德对健全社会当中的内在"互认语境"的强调,将有助于弥补当代技术的异化趋势。①

_____

① 参 Ronald Beiner, *Political Judgment.* , Chicago: University of Chicago Press, 1983, pp. 14 – 15, 72 – 101; Hans – Georg Gadamer, *Truth and Method*, New York: Continuum, 1975; "On the Scope and Function of Hermeneutic Reflction," *Philosophical Hermeneutics*, D. E. Linge, ed. and trans. Berkeley: University of California Press, 1976; *Reason in the Age of Science*, Frederick G. Lawrence, trans. Cambridge: MIT Press, 1983: pp. 73 – 81, p. 92, pp. 116 – 21, pp. 131 – 36。关于其他使亚里士多德观点符合更广泛的现代共同体观点的尝试,参 Galstone, *Justic and the Human Good*, Chicago: University of Chicago Press, 1980; Alasdair MacIntyre, *After Virtue: A Study in Moral Theory*,

　　这些研究虽然很重要,也发人深省,却并未考虑亚里士多德在分析建立并维持政治共同体的前景之时,对君主统治的潜在利与弊所作的反思。例如,拜纳对亚里士多德式审慎的分析,正好表明非专业人士也可以理解审慎的判断。尽管拜纳希望亚里士多德式审慎能成为更广泛、更有意义的分享的基础,但亚里士多德自己从未将审慎判断的能力安排在特定时间或地点的少数几个领导者之外。拜纳虽在一个脚注中承认了该难题,却并未探究它对自己的主要论点的影响,即我们需要结合康德(Kant)的普遍主义(逻辑的与政治的)与亚里士多德的"他律性"——经验丰富性和对环境的敏感度。① 因为亚里士多德认为如果连一个共同体的少数人都不能行使审慎的政治判断,就更不用说大多数人了,又有什么理由用他关于审慎的概念去为更广泛、更有意义的政治参与来辩护呢? 伽达默尔在论述亚里士多德从伦理学到政治学的过渡时,恰好注意到他相信习俗和传统有助于提供和谐的社会生活环境。但伽达默尔并未提及亚里士多德更深入的论述,即习俗和传统不足以将大多数人教化成有道德、齐心协力的民人,此外还需要审慎统治者的强制力和刑罚。②

　　由于忽略了亚里士多德赞成实行君主统治这一点,拜纳和伽达默尔的解释就不免流于片面,在他们看来,亚里士多德对世界大同主义的和谐与分享程度过于乐观。此观点产生的效果就是

London:Duckworth,1981;伯纳德对后者所作评论富于创见,参 Bernard Yack,"Community and Conflict in Aristotle's Political Philosophy," *Review of Politics*,1985,p. 47:pp. 92 – 112。

　　① Cf. Beiner,*Political Judgment*,pp. 177 – 178,p. 48,p. 63,p. 103.

　　② Cf. Hans – Georg Gadamer,*Reason in the Age of Science*,p. 47,p. 81,p. 92,pp. 131 – 136.

曲解了亚里士多德推崇其所称的"政治共同体"的实际原因。诚然，亚里士多德的政治哲学强调了共同体自治的愿望，其大部分论据和事例都旨在说明这一点。亚里士多德提出，考虑到可能性问题，最佳形式的统治根本不是政治共同体，而是理性且高效的君主政体，民人几乎或根本无法参与其中。拜纳和伽达默尔往往把政治学专门的、结构主义的维度视作互认语境的另一选择。在他们看来，一旦解除支持现代国家的技术理性的束缚，政治"论说（discourse）"就会自然地繁荣起来。但亚里士多德认为，优良的统治不仅依靠大多数非专业人士的日常经验，还得利用某种技术理性（technē）和统治高手安排的结构（poiēsis）。我们将亚里士多德的政治观点用作新型共产主义哲学研究，并不取决于忽略其思想中技术化、不平等性的一面，而在于理解亚里士多德在完整意识到君主政体的内容后，如何还能有对政治共同体的偏爱。

接下来，笔者将通过探讨《政治学》中亚里士多德所谓的"最高德性"所存在的问题，论述亚里士多德政治观中君主政体的重要性，从而理解亚里士多德所偏好的政治共同体的特点和局限性。① 在亚里士多德的表达中，"至善之人"实行君主式统治的

---

① 虽然笔者采用的是大家熟悉的译法，将希腊语 aretē 译为 virtue，但从一开始就有必要指出 aretē 的含义比 virtue 更为广泛。字面上，aretē 指"卓越（excellence）"。因此，在希腊语中用来描述木匠、医生、诡辩家或将军的"才德"达到的完美境界，指的是他们在所从事行业的才干。这或许会让现代读者觉得奇怪，因为我们通常用 virtue 指一些无偏私的事物，即为了共同的好而克服个人欲望、野心和偏好的能力。我们可能认为它是指将军征服的才干，或是诡辩家的说服力，后者能劝说人们相信某种论述超过了其实际的真实情况，不过，这些均很容易引起冲突，且误导他人，成为恰当德性的自我膨胀。希腊语 aretē 的确隐含着"自我否定、倾向集体利益超越个人利益"之意，而且在柏拉图和亚里士多德的作品中 aretē 的确常用

公共性要求，成为一种特别明显的考验，以检验政治共同体对于自治的呼声。因为，此处共同体的目标不仅与自私的愿望有分歧——亚里士多德轻而易举地否认了此私欲——还与最高德性有分歧。正如笔者即将论述的，亚里士多德找到了解决该问题的办法，以支持他认为的属于"政治学"和政治共同体的各项要求。尽管《政治学》综合性的结论是亚里士多德支持政治共同体，但至高德性对君主权威的要求亦贯穿其中，时有体现，使得这种支持变得极其微妙，且又受限于不同条件。

疑难:谁的统治是"最好的"?

《政治学》中关于最高德性的问题，在亚里士多德关于至善

作此意。但其含义不仅局限于此，而且也绝不会像这样明确地定义德性，使之排除其他所有含义。柏拉图和亚里士多德经常使用"德性"一词更口语化的含义，把它当作一种会给其所有者带来优势、殊荣和名誉的才能。于是，我们意图从一开始便论述清楚亚里士多德关于德性的总体定义，然而这总是困难重重，而所有关于德性的具体例子均严格地衍生自该定义。希腊语的可塑性赋予德性变化的含义。例如，本文的主题"至高德性"也可译为"过多的德性""过度的德性"。就我们的道德理性而言，这听起来像是矛盾的术语，如同"有害的益处"之类。然而，如我们所见，按亚里士多德的看法，可以想象统治者在受其统治的人眼中，很可能能够拥有过多的、专横的"才德"。亚里士多德发现，"至善之人"从心理上讲容易陷入愤怒与激情之中;只有法律能绝对无私。因此，人必须理解亚里士多德文中"德性"的不同含义，注意亚里士多德承认各种"卓越"的方法，人们正是将这些卓越贡献给共同体，并将这种多义性与极少数审慎之人偶然表现出来的"至高德性"进行比较。

之人统治权的模糊定义中已阐释清楚。① 卷三中对政体有六种划分,"正确的"有君主政体、贵族政体和共和政体,而"错误的"有僭主政体、寡头政体和民主政体。实际上,亚里士多德说,"至善之人的统治"与德性有关(1279a – b;1278a15 – 20),这样的统治使城邦成为"最佳政体"(1284b20 – 30;1293b1 – 10)。但在卷三亚里士多德还论述道,最佳统治方式或为君主政体。实际上,如果出现了"至善之人",即拥有"至高德性"(aretē huperbolē)的人,即使是贵族政体——实际上,尤其是贵族政体——也应该赋予此人绝对的权力,因为德性是贵族政体的正义准绳(1284a – b;1286a5 – 10)。那么严格说来,似乎至善之人的统治——贵族政体——实为君主政体,而不是六大政体中冠以贵族政体之名的自治共同体。② 有些评论家把卷三的这部分内容看作相当令人费解的柏拉图主义旧疾复发,似乎亚里士多德突然承认了柏拉图哲人王的可能性。③ 更令人不解的是,在卷七和卷八当中,亚里士多德转而全面分析"最佳政体"时,继而又描绘了一个贵族制共同体,仿佛他从未承认在严格意义上德性最高的统治形式是君主政体(1325b30 – 40;1326b9)。

通过联系《政治学》中一些更广泛的问题,我们能够理解这种显而易见的矛盾。列举具有"至高德性"的个人,是对卷三中正义的含义的进一步论述。该论述的核心是关于陶片放逐法的

---

① 作者采用的是纽曼的《政治学》英译本,参 Aristotle, *Politics*, trans. by W. L. Newman, 4 vols, Oxford, 1950。

② Cf. Aristotle, *Politics*, trans. by W. L. Newman, 3:29.

③ Cf. Aristotle, *The Politics*, Trevor J. Saunders, trans. and ed., New York: Penguin, 1981, p. 210, p. 220; Sir David Ross, *Aristotle*, London: Methuen, 1960, p. 255.

部分,在此亚里士多德说,将具有至高德性的人排除于君主政体的权威以外象征着"某种政治正义"(1284b17),却不符合"绝对正义"(1284b25)。然而,为了理解亚里士多德眼中的"绝对"正义和"政治"的正义区别的全部意义,我们首先应当探讨他所说的"政治"的含义。因此,笔者将从探究亚里士多德区分政治权威及其他权威的方法开始。我们将会明白,原来政治共同体与审慎的君主政体有区别,前者的民人具有足够多的德性来自治,而后者的君主具有如此卓越的德性,以至于他应该用家主对家庭行使的那种统治权来管理城邦。然而,至善之人要求行使该统治权则会引起城邦——具有不同贡献、利益的民人组成的共同体——的毁灭。在叙述了政治共同体与君主政体的矛盾之后,笔者接着转向亚里士多德的思考,声称拥有最高德性之人在政治共同体中崭露头角会意味着什么。

政治权威与君主权威

据《政治学》卷一所说,力争达到至善的联盟是政治共同体(koinonia politikē)。① 在此政体之下,全邦民人轮流执政。换言之,在先天条件与生活环境的共同影响下,政治共同体是人人平

① 政治共同体(koinonia politikē)是亚里士多德的最常用术语,以描述与君主政体相对且共享统治权的共同体。政体(politeia)则是某种更具体的次序,更具体的职位与权力分配,且应符合城邦中某种对正义的正确或变异理解。"共和政体(即 polity,政体)"一词也是六种"政体"中一种的名称。为避免混淆,笔者译为大家熟悉的"共和政体"。这些术语出现在文中时,各自的含义能得到更全面的论述。

等的地方——或者说,至少没有人绝对优于他人,也没有人有资格永久性地掌权。尽管同为联盟,但其他类型的统治方式却非政治共同体,而是各种各样的君主统治:君王或皇家统治者、家主及奴隶主。亚里士多德尽力指明这一点,因为有些人认为这些统治形式并无种类之别,只有程度之差。亚里士多德反驳道,倘若如此,治国才能、王道(kingship)、奴隶管理及家务管理均可混为一谈。然而,三种"一人之治"彼此之间的共同点实际上多于三者与政治共同体的共同之处。我们很快就会了解到,家主(oikos)需要家务管理和奴隶管理之道来确保生活必需品。至于王道(kingship),有些人理所当然地认为城邦本身就可像家庭那样去治理——在卷二,亚里士多德将此观点归于柏拉图《王制》(1261a10 – 22)。于是,亚里士多德将柏拉图铭记在心,在《政治学》开头就对这一论述表示质疑,即所有人类联盟,无论是公共性的还是私人性的,均可按单一的高贵的统治"科学"(epistēmē)加以管理(1252a;柏拉图《治邦者》259;色诺芬《回忆苏格拉底》3.4.12,3.6.14)。在如家庭般管理的城邦中,君主的臣民不参与统治,而是被动地执行分配给他们的任务,这样的城邦是亚里士多德的备选类型,以用来防止政治共同体的民人拥有过于强大的自治权力。①

　　政治共同体与君主统治的区别使卷一当中关于家务管理的长篇论述易于理解(1253b – 1260b)。拜纳和伽达默尔都认同

---

　　①　纽威尔在论述中将色诺芬(Xenophon)的"普遍性君主制"观点与亚里士多德政治共同体的概念加以对比,参 W. R. Newell, "Tyranny and the Science of Ruling in Xenophon's Education of Cyrus," *Journal of Politics* 1983,45:pp. 889 – 906。

阿伦特(Hannah Arendt)和哈贝马斯(Juergen Habermas)提出的观点,即该论述的目标在于确立公共事务与共同体存在的至高性,要远超过个人家务管理中对物质必需品和舒适的关心(阿伦特1958:22-37;哈贝马斯1974:42,48)。这是目标之一。但对亚里士多德来说,如果仅集中于该目标则会遗漏此探讨中更棘手、更广泛的问题:家主的治理方式能否既用于经营个人事务,又用于治理所有城邦?

当亚里士多德提出家务管理技巧是否与获取财富的技艺一致这个问题时,他所涉及的不仅是私人家庭。该问题是他更全面地探索管理"科学"的存在可能性的方式之一,该"科学"不仅包含家庭管理之道,而且涵盖了治国才能和王道(kingship)——亚里士多德指出这是"我们在开头提出的"一个错误的观点(1253b15-20)。因此,关于家庭及其在城邦中的地位的论述,再次返回到独立君主的统治科学的诱人前景之上。① 此外,尽管亚里士多德确信,对个人来说,共同体中民人的生活比专注于赚钱与获利的生活更优先,但他可以说并未绝对地肯定"政治共同体"相较于家庭管理的至高性,这种家庭管理当然是作为一种统治的模式。

对家务管理的分析,始于奴隶主对奴隶的控制。据亚里士多德所说,奴隶主使用的工具,包括奴隶,用于生产(poiēsis)或行动(Action, praxis)。生产力的象征是奴隶主管理者(architektōn)对分层级劳动力的"成体系"的管理,而此管理者的奴隶则成为"为工具服务的工具"。亚里士多德表明,理想情况下,工具将自动导向并完成其在奴隶主计划中的那部分任务。

---

① Cf. Aristotle, *The Politics of Aristotle*, W. L. Newman, ed., Oxford, 1950,1:145.

这些工具被巧妙地比作传说中的代达罗斯(Daedalus)所设计的著名的自动雕塑,①此比喻表明,正如效率最高的工具会显得生机勃勃,而效率最高的奴隶将毫无生机,或者几乎变成机械行事之人。换言之,完美的生产效率源于全部的行动(action)。但确切说来,奴隶属于行为工具,而非生产工具(1254a1 – 10)。正如床,除应用外,不能提供其他东西,而不像梭子,可生产商品。因此,从本质上讲,奴隶属于家主的一种行为工具。亚里士多德尽量用这种方法,避免将家务管理与财富的自由获取等同。

至于能否从经济影响以外的角度来证实奴隶主对奴隶的掌控权,亚里士多德论述道,这问题将自然奴役区别于纯粹的常规奴役或法定奴役。这段文字为评论家所注意,亦可理解,②但我

---

① ［译按］代达罗斯(Daedalus):希腊神话中一个著名的工匠,来自雅典,是墨提翁的儿子,厄瑞克透斯的曾孙,是厄瑞克族人。代达罗斯后来为克里特岛的国王米诺斯建造了一座迷宫,用于关押半牛半人的怪物米诺陶,但是连他自己都逃不出自己所建的迷宫。最有名的故事就是代达罗斯造出用蜜蜡做成的翅膀,尝试飞出迷宫。他的儿子伊卡洛斯(Icarus)率先飞出,但不幸的,这个翅膀是失败的作品,造成他痛失爱子。参晏立农、马淑琴编,《古希腊罗马神话鉴赏辞典》,长春:吉林人民出版社,2006,页125。

② 在何种程度之上,亚里士多德认为习俗奴役会与自然奴役一致——或他是否认为存在这样的一致——是个很有争议的问题。参 Sir David Ross, *Aristotle*, London: Methuen, 1960, pp. 241 – 242; Leo Strauss, *The City and Man*, Chicago: University of Chicago Press, 1977, pp. 22 – 23; M. P. Nichols, "The Good Life, Slavery, and Acquistion: Aristotle's Introduction to Politics," *Interpretation* 11: 171 – 184; R. G. Mulgan, *Aristotle's Political Theory*, Oxford: Oxford University Press, pp. 42 – 45; N. D. Smith, "Aristotle's Theory of Natural Slavery," *Phoenix* 37: 109 – 122; W. W. Fortenbraugh, "Aristotle on Slaves and Women," *Articles on Aristotle*, J. Barnes, M. Schofield, R. Sorabji, eds. , London: Duckworth, 1977。

们应当记住,亚里士多德不仅或者甚至主要关注常规奴役中经常出现的不正义(这一点他已经承认),而且还关注对生来平等的民人的政治统治与奴隶主对奴隶的统治这二者之间的区分,即使后者合乎正义。虽然一些论述细节证实了,自然的奴役源于私人生活,但其结论使我们想起,该论述的主要目标针对的是最初区分政治统治与其他统治时涉及的错误:"各种权威(统治制度),并不像有些思想家所说的那样全都相同。"(1255b15－20)

那么,关于家务管理技巧,亚里士多德得出的第一个结论是,它不应当等同于生产效率。亚里士多德注意到,假如将这二者等同起来,在私人生活中,这种生产技艺所引起的欲望过度膨胀,则会刺激起谋取公共生活中的权力与地位的野心。有些人在个人生活中没能如愿,将"借助其他方法"来寻求满足,如"勇敢"或"军事技术"(1258a5－15),即通过政治与军事胆识。亚里士多德主要是通过将僭主管理城邦描述成与处置私人财产和经济事业一样(1259a23－37),从而强调了这种危险。因此个人家务管理的生产效率必因共同利益的要求而受限。财富的恰当用途在于使家主得以追求公共事务和哲学。

虽然这似乎将家主权力塑造成优良统治的典范,但实际远非如此。除剥削性、僭政性的种类以外,某种个人权威的统治形式是否比"政治共同体"更有利于城邦,这个问题尚未解决。此问题引出了亚里士多德研究的更为复杂的层面,这些却为拜纳和伽达默尔所忽略。如果在某个具体城邦中没有足够多的人天资聪颖、足以发挥其才能并管理各自事务,那么能组织这些人各司其职的一位君主或许要比自治共同体的选择更好。亚里士多德论述道,考虑到该异议,正如可指望"自然"为家主和治邦者提供物质上的必需品,自然也会提供适合民人治权的合适人选。

因此，正如织工不制造羊毛而只是"应用"已有的羊毛，治邦术也无需"制作"或生产（poiein）适合生活于城邦之中的人类（1258a20–30）。至多，治邦术必须能够辨别那些已经存在的好人与坏人。贬斥"制造"而支持"应用"已有的事物，这使我们想起了前面亚里士多德批评完全致力于生产的家主，即以匠人对不同层级的劳动的统治为典型代表。亚里士多德表明，正如家主无需致力于技艺的"系统性"分配，城邦亦然。

鉴于前面所述，接下来亚里士多德作出了惊人的评论：

> 所以，统治者应当具有完美的伦理德性，因为他的职能绝对地要求一种主人的技能，这种技能就是理性（logos）。（1260a18–20）

目前在我们的印象中，相比君主统治，亚里士多德更偏爱共同统治，并认为君主"制造"适于城邦生活的人，此技艺不必推翻共同体拥有自治的能力这一事实。这是亚里士多德在转而支持"体系化（architectonic）"统治模式吗？为了解释清楚该评论中的术语，我们必须求助于卷一之外和《尼各马可伦理学》的内容。

我们在《政治学》卷三了解到，尽管统治者与被统治者共有一些德性，但有一种德性却为统治者独有，即审慎或者有关实践智慧的德性。审慎便可解释为什么好民人的德性与好人的德性很少相一致，因为无法自行统治的民人无法实践审慎。唯有在贵族制中，并且仅当民人成为统治者，好民人的德性才与好人的德性相一致。无论如何，审慎并不常见，尤其是由"一人"或"一人联合其他人"实践。亚里士多德用两个说明突出其罕见：第一，被统治者无需凭借审慎来理解政治事务，只凭借"真实的意见"便可应付。这或许使被统治者能够理解统治者的审慎的判断，但被统治者自身却并没有能力作出判断。亚里士多德将统治者与被统治者的关系比作笛师与笛子的关系。第二,在此亚里士多德把伊阿宋(Jason)作为审慎的统治者之范例,①伊阿宋无法忍受退出僭政、回归私人生活,因为他渴望统治。总的来说,统治者的德性与民人的德性之间隔着一道鸿沟(1277a15 – 25,1277b25 – 32)。

后来,亚里士多德在卷三中说,"至善之人"的德性是"最高的",尤其是在"政治才能"方面(1284a10)。类似地,《伦理学》卷六也描述了审慎,那里的论述理清了我们遇到过的很多术语。审慎既指除智慧而外的智识德性,也指拥有所有道德德性的条件。因此具备审慎的极少数人也具备开明、节制和勇毅,而具备这三种次要德性中的一种或多种的人却未必具备审慎。审慎不是一门技艺(technē),因为它不能"制作"或"制造"(poiein)东西。它亦非一门科学(epistēmē),因为它探究的不是永恒的情形,而是变化的情形(1140a25 – 1140b10)。然而,审慎比天资、即兴创作甚至有学识的民人间的辩论更加精确和巧妙。因为审慎必须由"治邦术"的"系统化"能力加以引导,依照"正确的理智"应用该能力(1141b10 – 30;1144b10 – 25)。在此,亚里士多德援引伯里克勒斯作为审慎的治邦者的典范(1140b7 – 10),而修昔底德将伯里克勒斯对雅典共和国的统治视为君主统治,唯有名称不同。②

---

① ［译按］伊阿宋(Jason):伊俄尔科斯国王埃宋和阿尔喀黑得的儿子,埃俄罗斯的后代。马人喀戎曾教他医术,因此得伊阿宋之名,意即"治病者",因与美狄亚的爱情悲剧而知名。参晏立农,马淑琴编《古希腊罗马神话鉴赏辞典》,前揭,页503 – 504。

② Cf. Thucydides, *The Peloponnesian War*, John H. Finley, trans. New York: The Modern Library, 1951, p. 121.

将审慎的治邦术描述成一种由正确理智指引的"体系化"的才干,一方面表明了技术推理(technical reasoning)与科技推理(scientific reasoning)的差别,另一方面也表明审慎没有表面上看起来那么广泛。正如我们在《政治学》卷一所见,亚里士多德把技术的系统化安排看作理想化的安排,以用作凭靠技艺的制作(poiesis)。尽管《伦理学》一开始认为,"科学"凭直觉知道演绎证明的首要原则源于"理智"(nous),但后来亚里士多德表明"理智"为审慎提供了特别的直觉,而这直觉正是审慎要处理的内容(1143b1 – 10)。亚里士多德在《伦理学》卷十讨论伦理学到政治管理的过渡时,进一步淡化了技术、科学一方与另一方即审慎之间的区别。这似乎与亚里士多德的意图一致,即我们必须由伦理学转向政治管理,因为规劝不足以使大多数人从善弃恶。对大部人而言,还需"强制力"和法律。据说正如科学家熟悉科学,工匠熟悉技艺,现在审慎的统治者已学会灵活地运用"治邦术",因而能够"使(poiein)人向善"(1179b – 1180a10;1180b20 – 1181a10)。换言之,由伦理学问题过渡到政治管理及统治的问题,导致较少强调通过规劝以及自发行动来培养民人的德性,反而更加强调用规章制度、惩罚措施来补全规劝的必要性。借助这种过渡,审慎也相应地更接近制作和知识(poiesis,epistēmē,尽管三者绝不一致)。

由审慎主导的治邦术的意义的调整,使我们返回到亚里士多德和柏拉图之间的根本性争议。亚里士多德不愿放弃明哲(作为一种技术性的经验判断)与科学、技术的纯专业知识之间的区别。与柏拉图相反,亚里士多德不允许有关实践的治邦术完全被同化成君主统治的知识。这类似于他不愿看到人们的生活完全被君主的家务管理学所占据。他所列举的审慎的统治者,比如伊阿宋和伯里克勒斯尽管拥有稀世才能,却都是血肉之躯,而不是柏拉图式君主制中冷漠、理想化的原型。然而,另一方面,当亚里士多德从《伦理学》中塑造的彬彬有礼的人物转移到更广泛的政治实践中时,经常需要更直接、更具强制力的培养方式,这个时候亚里士多德愿意淡化凭借审慎的治邦术与专业理性间的区别。

让我们返回《政治学》中开始离题论述的文段(1260a10 – 20):"绝对"意义上的统治者依"理智"和"完整的道德品质"统治,如果该统治者要仿效工匠大师的方法来加以统治,那么似乎的确要按劳动力的等级划分来安排政治事务。因为这是工匠大师安排家务的方法。我们从《政治学》卷二得知,亚里士多德认为柏拉图的《王制》正是按这种劳动力的划分来操作的——此城邦正如柏拉图笔下的苏格拉底所说,"以理智为依据"(《王制》369a)。在这样的语境之下,亚里士多德发现,鞋匠一直从事相同的工作,这比与别人轮换做工效率更高,所以政治共同体的统治者"总是相同"将会"更好"(1261a30 – 1261 b10)。也就是说,在讨论善的标准时,亚里士多德在最佳统治形式上似乎与柏拉图观点完全一致。① 可是亚里士多德继续说道,执政者终身执政是不可能的,因为"所有生命自然地平等",共同体中全体成员应当轮流统治与被统治。

即使劳动力的等级划分在统治者与受治者之间可行,但在前文引述的文本中,亚里士多德对此做法的支持很难与他对共享统治权的主流论述相一致。要理解这一点,我们要记住亚里士多德所发现的政治联盟与非政治联盟本质上的区别。亚里士多德论

---

① beltiōn[更好]是 agathos[好]的比较级。

述说,《王制》基于劳动力的划分是如此的统一,以至于此城邦更像一个家庭,而不像城邦。因为城邦的本质是差异性。不同的贡献、私人的利益以及相互冲突的正义观造就了城邦统一的脆弱性。返回到卷一,我们可以找到该论据的变体。虽然亚里士多德刚提及道德德性的"完满"状态,但他现在又批评苏格拉底,因为苏格拉底认为每个灵魂的德性都是一样的,只是所具有的德性程度不同(参《美诺》71−73;《尼各马可伦理学》1144b−1145a)。不同类型的德性不同程度地分布在男人、女人和儿童身上,这取决于涉及的是何种德性,以及程度如何,这些德性恰为奴隶、仆人、家庭成员或民人完成其任务所需——而任务又更进一步地随其所生活其中的具体政治制度类型而变化(1260a−b)。

我们归纳一下亚里士多德分析政治统治与君主统治的区别便可得出结论:亚里士多德认为,尽管存在家务管理般优良的形式,但其并非城邦,尽管存在行使"完满道德德性"的"绝对"统治,却也无需同化那些次要的、多样化的德性,这些德性能促使城邦运转。因此,尽管明智的统治者事实上可成为"绝对"意义上的统治者,但理智无需伸张自己的统治权,设若有些地方的人们天生就被赋予了足够多的不同德性以自行管理。假如有些地方的人们有足够的天赋,"体系化"的理智的统治则会成为没必要的、不公平的强制。然而,即使有些地方的人们天赋不足,以至于需要这种统治方式,它也仍然是非政治性的统治,且对城邦及其民人均有害。我们将这些论据铭记在心,现在就可以来探讨,亚里士多德如何处理至高德性对君主权威的要求,此要求亦与其他对权威的要求同时呈现,并在实际的政治生活中相互竞争。换言之,具有"至高德性"的人在共享统治权的共同体中崭露头角之时,将会发生什么?

平等、不平等与政治正义

"至善之人"对统治权威的主张,亦出现在关于正义的含义的政治论述之中。据《政治学》卷三所说,正义就是对平等者平等,对不平等者则不平等。尽管人们对事物的不同品质意见一致,但对谁究竟配得上何物,意见却不一致。讨论何为公平待遇时,我们不可避免地掺杂了个人利益。例如,寡头派把他们在财富上的优越性误解为政治共同体中所有贡献的优越性。民主派把生而平等误解为人类在各方面均应平等。因此,亚里士多德说:"不平等被认为是而且事实上也是公正的,不过也不是对所有人而是对彼此不平等的人而言。"(1280a5－15)关于正义的定义通常掺杂了论述者的私利以及"部分的"正义,并导致了政体的区别。

然而,在卷三,亚里士多德开始质疑自己提出的六大政体这一划分是否充分。实际上,他问道:关于如何构建政治共同体,就算可能的决定是已经这么丰富,但对于平等与不平等的可能的含义而言,不是太过于局限了吗?而每一种判定就其自身而言岂不又太片面、太狭隘?因为除了六大政体所包含的,还有其他因素(例如先祖、家庭背景)影响城邦的生死存亡以及对至善生活的追求。① 那么,我们如何准确判断,某个人相较于他人是

---

① 卷四中详细地论述了最具包容性的政体,即共和政体,在论述中亚里士多德发现,此政体中不仅存在多种对德性的要求,而且这些要求可能同时存在于一个人身上,这使得更难用有关政治的方法准确判断谁是平等的,谁是不平等的:同是这么一些人,他们可以既是士兵,又做农民,又做工匠;还有同是这么一些人,他们可以参加议事会,也可以陪审法庭。大家原来都有些政治才能;谁都以为自己可以担任大多数的职司(1291b1－10)。

平等的还是不平等的,从而了解谁有资格"统治"呢？据我们所知,用有关政治的方法来区分平等与不平等,这个问题需要我们用"政治哲学"来解决(1282b)。

　　亚里士多德就该问题做了如下阐述(1282b – 1283a30)。有些人会争辩说,如果人们在其他方面是平等的,而剩下的优越之处就足以支持权力的不平等分配。对此,亚里士多德回答说,并非所有的优越形式都可证实至高的政治权威的分配。亚里士多德打了个比方来论述,技艺最高的笛师应配得上最好的笛子。即使另一个人在出身和相貌方面超过这个笛师的程度,要比笛师在技法上超过其他人的程度更高,而且尽管有些人认为相貌和出身比笛艺更加重要,但是情况仍是技艺最高的笛师配最好的笛子。也就是说,人们对城邦做出的不同贡献是不能比较的。贡献无法无限累加(super – added),以决定谁应得何物来划分出不同的等级。这与前面提到亚里士多德批评苏格拉底的德性统一观点是一致的——苏格拉底认为,德性对所有人而言都是相同的,只是每个人拥有的德性程度不同。倘若如此,那么就可能得出结论:第二个人[出身更优越或相貌好看得多的人]比笛艺最好的笛师更有资格获得最好的笛子,因为相比笛师的音乐天赋,他优越的出身和相貌增加了更多优势。

　　当然,从另一角度来说,该比喻的确指出了德性与君主统治的一致性。因为即使不同种类的人所做的贡献,也不能合并为一,以要求最重要的统治权,但显然拥有足够德性的个人从一开始就能要求获得这一权力。毫无疑问,最好的笛师的确应得最好的笛管。正如我们讨论过的,在卷三的前面部分,亚里士多德对比了两类关系,即德性高尚的杰出统治者与其臣民之间的关系,笛师与笛管的关系更明确地阐述了上述论点(1277b25 –

30）。然而,在此该论述主要针对的是全面性问题。因此,从该比喻返回到公平分配政治权力的问题上,亚里士多德断定,出身优越、身份自由、享有财富、学识渊博或德性高尚——或一人拥有全部品质,或拥有两种或多种,或拥有其中一种——均不能要求得到所有的政治荣誉和影响力,尽管他们确实有资格分享这些政治权力。

亚里士多德专门提及贵族政体的伴随物,即"教育和德性"（参 1283a35 – 1288b）,以此表明他不只是提及那些与维持城邦运作的众多才能相关的德性。虽然亚里士多德承认教育和德性是要求政治权力"最合乎正义"（1283a20 – 25）的依据,但他坚持说即使这样也不能"处处不平等",因此他说"一切这样的政体"——包括贵族政体——都是"变异"政体,因为这里的每个统治者都错误地把一项优势当作全部优势。前面的论述将这些政体描述为变异政体,我们并不惊讶,因为它们的统治不是为了全邦民的公共利益,而只是为了统治者的利益。但了解到德性本身可能也会要求过多的权力,却令人吃惊。①

但这恰是亚里士多德的意思,其理由按上述论述而言具有"政治"意义。在此我们应当记住,最全面的正确政体——大多数时候为方便起见译为"共和政体"——明确区别于根据德性来治理的政体（贵族政体）,也不同于把六种统治方式的通称据为己有的统治方式（politeia——"政体"1279a35 – 1279b）。虽

---

①　正如纽曼所述（1950,3∶22 – 23）,有看法认为"所有此类政体"仅指僭主制、寡头制、民主制或指某些政体,其中的权威基于除德性之外的某些事物,但这样的看法并不能解决问题。另参穆尔甘的论述,参 R. G. Mulgan, "Aristotle and Absolute Rule," *Antichthon* 4∶69 – 90。

然共和政体在正确政体中德性最不完善,但显然它最接近亚里士多德所说的"宪法式"政府管理的实际目标:在政治共同体中尽可能地包含多种不同的、相互冲突的利益和能力。① 因为一个将太多人拒于统治之外的城邦将"处处树敌",因而不稳定,不可能维持现有生活和更好的生活(1281b25 – 35)。在此语境中贬斥政治德性,而肯定具有包容性的"宪法"政治,有助于解释亚里士多德的评述,即我们必须斟酌,当六种对统治权力的要求"出现在同一城邦"时将会发生什么(1283b1 – 5)。

这似乎意味着,六种方案作为解释方法虽然有用,但过于抽象,而且实际存在的城邦也很少能准确适用于这六种统治方式(参 1292b10 – 25)。如我们所见,实际上城邦更像是一种政治角逐,在此所有类别同时争夺权力。即使在那些恰好适合这六类划分之一的城邦中,其他类型也会暗中涌动,等待机会到来。由于远不能稳固政治共同体,所以每一种政体(可能除共和政体外)对于那些被拒于统治之外的人而言可能均会显得是专制统治。亚里士多德强调了该缺陷,说每一种统治方式推行到极致都会在一定程度上自我毁灭,损害自己的利益和其所有者的权力,所以必须以一种更包容的方式来分享权利。所以,为了遵循自己的统治原则,寡头派必须对他们当中某个或少数几个最富有的人做出让步,如果民人的财富集中起来多于寡头派,则对民人做出让步。那些凭借自由出身要求平等的人将不得不让步

---

① 共和政体是最全面、最稳固的政体,因为该政体融合了民主政体和寡头政体的原则,二者之间包括的人最多,并且此政体还是最激烈、最盛行的矛盾的源泉——富与贫之争。参 Stephen R. L. Clark, *Aristotle's Man*, Oxford:Clarendon Press,1975,pp. 104 – 105;J. H. Randal, *Aristotle*, New York:Columbia University Press,1968,pp. 263 – 264。

于因家庭背景和先祖而获得最自由身份的人。那些凭借德性要求统治权的人将不得不屈服于他们当中某个或少数几个德性最高的人(1283b5 – 1284a)。

在这一点上,亚里士多德的论述似乎强烈支持广义上的城邦贡献和广泛的公共权力要求。然而,亚里士多德突然转而论述,可能有"一个人",其德性极大程度上优于其他所有德性,使他如同"众人"之中的"神",以至不能把他看作"城邦的一部分"(1284a1 – 15)。这与前文一致,似乎是要否定任何此类对权力的要求,既然亚里士多德拒绝赋予任何一种德性最高地位,而且他全面贬抑德性以支持"宪法"统治,而这两次否定都限定在"政治"语境之内,就像此前讨论该术语时一样。相对而言,此处的关键是拥有"至高德性"的人实际上是非政治化的,而且也不是"城邦的一部分"。①　那么,在此我们可从笛师的比喻中得出另一个结论,当亚里士多德强调各种不同德性对政治权利的要求的限制时,他没有用到此比喻。虽然在任何特定的政治共同体中,不能按等级排列各种贡献以确定独享专权的资格,但仍有极少数人拥有极高的德性,以至于一开始就不能把这种德性囊括于平衡混杂的权力要求中。这种"至善之人"拥有极为稀有的审慎德性,使其有别于他人。

尽管亚里士多德意识到了这种对统治权的要求的力量,但我们应该注意,亚里士多德并未把至高德性看作就政治共同体而言唯一的或不言而喻的有利因素。至高德性当然可以被视为"绝对"意义上的统治,这种统治由拥有完满道德的人依理智掌

----

① 此处语言回应着卷1,那里说自治力不足以成为"城邦一部分"的人要么是野兽,要么是神祇(1253a25 – 30)。

管。但是在此亚里士多德表明，即使一个明智或审慎的君主也可能在一定程度上为名誉，甚至可能为欲望所驱，如同狮子捕食野兔一样压榨其臣民。我们想起了卷一和《尼各马可伦理学》中列举的审慎的伊阿宋和伯里克勒斯——他们并不缺乏抱负，还习惯于按他们的方式行事。不管是纯粹的善意，还是愿意用善治来交换一些利益，无论如何，这样一个统治者对于由"平等者"组成的政治共同体而言，均难以承受，就好像阿尔戈船上的英雄们发现赫拉克勒斯（Hercules）太重，而无法维持船不下沉一样（1284a15 – 25）。

从政治共同体的视角来看，至高德性的愿望可疑——这样一个统治者的才能和善德，以及他的权威表现出的专制品质，究竟何者更为人所看重——亚里士多德在最初论述陶片放逐法时强调了此问题。在亚里士多德的陈述中，陶片放逐法是典型的民主制实践，因为相比其他政体，以绝对平等为原则的民主政体与至高德性要求绝对统治权之间存在着更鲜明的对比。但是按照亚里士多德的说法，如何适应这样一种要求是所有政体——包括正宗政体和变异政体——都要面对的问题。实际上，陶片放逐法类似于僭主像修剪高枝一样"清除"能与之匹敌的杰出民人。尽管亚里士多德通常强烈谴责僭主制，在此他却认为对僭主制的批判不"完全正确"（1284a25 – 40）。因为其他政体——"即使是正宗政体"——也必须像这样清除德性特别突出的人。从这个角度看，他似乎要表明，一切政体都包含了僭政元素，即强硬地压制最佳者获得统治资格，因此他们遵循"一定程度的政治平等"，尽管不是"绝对平等"。共同体作为政治共同体，作为一个有差异的整体，不能容忍"至善之人"的统一权威的要求，除非以共同体的覆灭为代价——正如画家不允许他的画中有一部分大得不成比例,或是合唱团的乐师不允许有一个人的声音比其他人"高而嘹亮"(1284b1 – 30)。

但尽管某政体本身的统治原则是"至善之人(the best)的统治",似乎理论上还有个无法解决的问题。因为变异政体(赤裸裸地以统治者的私利为基础)和共和政体(力求融合各种利益和贡献)都不把德性当作对统治权独有的、未减弱的要求的依据。但一个贵族制城邦如何能始终拒绝接受一个"至善之人"的统治呢?亚里士多德说,因为倘若如此,该城邦将如同"要求统治宙斯"。卷一中亚里士多德的主张有个重要的前提,治邦者无需"制作"人,因为自然会使他们当中足够多的人有能力自治,现在他又补充道,至高德性及其对权力的要求也是从自然中产生的(1284b20 – 30)。在这样一种政体(即贵族政体)中,个人统治超过了严格意义上的"政治"统治,后者严守"政治"统治本身的正确原则。换言之,贵族对政治共同体的统治要求,以一种特别明显的方式彻底揭露了,用"政治正义"来达到"绝对正义"的各项要求是不可行的。因此,尽管亚里士多德承认其他政体或许也需要放逐拥有至高德性的个人,但他认为对贵族政体来说,"至善之人"的要求特别令人难堪。六大政体中,贵族政体折中了至高德性应有的地位和包容的必要性。一方面,与共和政体相比,贵族政体将太多人拒于统治之外,另一方面,由于贵族政体把德性当作唯一的统治资格,但同时它又没能体现出至高德性,相较于其他模糊地以人们的贡献和利益为标准且注重稳定的政体,贵族政体的不合乎正义就更显而易见了。因而,亚里士多德断定,这听起来就像是柏拉图《王制》中的引语"所有人总是乐意服从这样一个人,因此这样的人就成了城邦中永远的君王"(另参柏拉图《王制》473d)。

至高德性与正义

卷三最后关于君主制的论述重述了如何从至高德性的实际可行性的角度协调统治权之争——如何在平等与不平等之间作出判断。亚里士多德论述注重道德的君主制,使我们想起了他在卷一讨论过的"绝对"意义上的统治——"系统的"理性统治。因为这种"至善之人"统治的君主制也是一种家务管理(1285b20－1286a)。而且,君主政体实际上是正宗政体中唯一一种无法律政体,因为其统治者"用个人的智虑执行全邦一切公务"(1287a1－10,1287a30－40;参纽曼[Newman],1950,3:28;柏拉图《治邦者》292b－303c)。这绝对是"非政治"的统治形式,也就是说,与民人共同体的任何概念均不相符。因为君主政体所体现的正义观——个人的杰出德性——难以被本地共同体成员所共享或参与其中,但在原则上该政体也具有普遍性,能够包含所有的城邦和"民族"。

亚里士多德从"政治制度"的角度提出了一些理由,或可用以反对注重道德的君主制,以此论述城邦为"由很多人组成的共同体"(1286a25－35)。他表明,"大多数人"通过联合判断,经常会比专家更好地裁决公共事务,就好比众人出资举办的宴会将胜过个人独办的酒席。个人——即使是明显品行端正的统治者——或许会因"愤怒"或一些"其他情绪"而腐败,然而人群中的每一个人同时被引入歧途就比较难了。如果"大多数人"——相对于君主来说——实际上都"心灵健全",也即是说他们组成的是一个贵族政体,那么他们就会抵挡住由"大众"分裂成不同党派的趋势,因而他们全都偏爱一人之治(1286a35 – 1286b10)。

此外,有人会认为,单个人的统治简直是"违抗自然",因为城邦由平等的人们组成(1287a10 – 15)。所以,讲究法治与官职轮换的共同体比君主政体更合适。因为尽管人是理智的政治动物(1253a1 – 10),但他仍是动物,如果赋予"至善之人"绝对的权力而使其不受法律约束,这或许就给予了内心充斥着欲望和血气(thumos——1287a25 – 40)的"野兽"(thērion)太多的诱惑。于是,这再次提醒了我们——至少对政治共同体来说——"至善之人"或许会将其仁慈的事业与主人、君王的狮子般的品性混合起来。相反,法治就像是摆脱了这些情绪的智者。而且,尽管有时专家确实必须凌驾于法律之上(正如医生有时必须脱离规定的治疗方案),但专业技术可能被用于不合乎正义的目的(正如医生最了解如何杀死病人)。因此,总的来说,法治比一位专业人士之治更合适,法治是(显然的)绝对君权与大众发自内心的情感冲动的"折中"(1287a40 – 1287b)。

但是,值得注意的是,与其说以上是亚里士多德自己的论证,不如说是他假设的反对理由以供我们思考。他断定,在人人平等的地方,尽管君主(相对来说)"德性卓越",但君主政体既不合乎正义也没好处——"除非在某种情形下"。正如最初所说,这种情况便是"至善"之人不像民人那样"轮流"执政,而是"完全"一人执政。虽然已提出了这样的反对理由,亚里士多德却发现它们并不充分。绝对的君主不应统治平等的民人,在这样的地方君主的"卓越"本不平等,而且显然(即使是相对来说)民人们也不再平等(1288a1 – 30)。

亚里士多德带着我们绕了一圈又回到了区别平等与不平等的问题上,并有点令人惊讶地论述道,该问题因至高德性要求君主统治权而得以解决。我们想起了所有其他政体——包括贵族政体——对统治权的要求是以不同类型的不平等为基础的。然而,尽管所有政体都主张对统治权的要求需要合乎正义,但只有君主政体符合"整体正义"的各项要求,即"绝对"意义上的正义。尽管此前其他治权要求的片面性和排他性使亚里士多德回避谈论六大政体,强调尽可能协调多种相竞争的统治权要求,而在至高德性的问题上,他似乎认为平等和不平等是可协调的。这样的统治权要求与其他所有要求均是可比较的,只要从否定的意义上来讲,所有其他的要求均不能与此要求相比较。但以家务管理为基础的这种君主政体是非政治性的,这符合《政治学》开头所说的各种统治方式间的区别。符合正义各项要求的政体本身不是政治共同体。因此,尽管文章最后提醒我们,放逐这样一个人绝不符合"绝对的正义",但我们也记得,在一定程度上讲这样做正是符合"政治正义"的。

结 论

虽然在《政治学》其他部分,亚里士多德不断把君主统治包括在可能的贵族制中——"最佳统治"——但贵族制主要指注重道德的政治共同体(1289a26 – 38;1293a35 – 1293b7;1294a9 –29)。卷七和卷八详细地定义了"最佳政体",其中专门指出了这层含义。基于前面的分析,可提出几个理由解释这种模糊性。首先,亚里士多德认为,后一种贵族政体虽然极其罕见,却相对来说更接近实际可能,因此比"像神一样的"君主的统治更容易实现。例如,寡头派有时被认为是"松散的"贵族,混合了

财富与德性(1249a9 - 29)。亚里士多德认为,作为正确政体的
共和政体最有可能确立实际操作的标准,能鼓励以德性为基础
分配职权,即贵族政体的分权原则(1294a35 - 1294b14)。

在笔者看来,亚里士多德模糊定义贵族政体的另一个原因
是,亚里士多德认为,提出纯假说式的至高德性的统治权要求,
会给公共生活带来危险。正如我们在卷一所见,亚里士多德告
诫人们,不要把家务管理或君主统治误作对城邦的残暴剥削。
后来,亚里士多德评述,在实际生活中,大多数人甚至不明白君
主政体与僭政的区别,却常常认为一切统治形式都等同于"控
制(mastery)",即统治者对受治者的剥削(1324b22 - 1324b41)。
①因此,声称拥有至高的德性,就成为那些觊觎僭政之人的强有
力的虚华伪装。② 即使有人的确掌握了管理知识——在此显

---

①　Cf. Carnes Lord, *Education and Culture in the Political Thought of Aristotle*, Ithaca: Cornell University Press, 1982, pp. 190 - 191.

②　在这一点上,我们可以看到,霍布斯觉得亚里士多德几乎未朝该
方向深入论述。对霍布斯来说,承认至高德性的可能性就会引起政治动
乱。因为一旦认同了假想主张的可能性,该主张总是向被认可和接受开
放,也就是说那些"狂妄自大"者就为其野心找到了便利的借口。霍布斯
对自然状态的描述意在使我们确信,没有哪种对至高德性统治权的要求,
会比我们在面对暴死的脆弱性方面的基本平等更加重要。矛盾的是,这
需要一个拥有至高王权的君主,远远超过了亚里士多德将归于注重道德
的君主制的程度。对霍布斯而言,即使处于极权无情重压之下对死亡的
恐惧,甚至因无法识别德性或无法仁慈地统治而产生的仇恨,都要比公开
地比赛德性来赢得权力更好。如果保护生命而不是拥有德性成了唯一可
获得绝对统治权的要求,那么结果在实际生活中和理论上,这样一个君主
就与僭主没有区别了;参 Thomas Hobbes, *Leviathan*, C. B. Macpherson, ed.,
New York: Penguin, p. 226, p. 240, p. 700, p. 722; J. Laird, "Hobbes on Aristotle's
Politics," *Proceedings of the Aristotelian Society* 43: 1943, pp. 1 - 20。

然亚里士多德背离了柏拉图关于君主制的论述——他或许也很难抵制追求名利的欲望、过激的愤怒，甚至无法容忍合乎情理、善意的公开讨论。

然而，正是由于这个原因，亚里士多德愿意减弱至高德性对统治权的要求。或许有人会问，我们能否通过摒弃亚里士多德的至高德性主张、保留其对政治共同体的支持，以进一步推进亚里士多德的观点。笔者的答案是，排除至高德性的政治共同体这一概念并非亚里士多德的政治共同体观念。这是因为亚里士多德所理解的政治学，尽管试图公平看待政治共同体的全面性和多样性，但它在原则上并不平等。按照亚里士多德的说法，人们通过在政治生活中追求德性，以完善其本性。正如我们所见，亚里士多德说的"德性"是指君主制与奴隶制之间的一种浮动方式。介于卓越和乏善可陈这两种极端之间，人们具有德性的高低程度也因环境而变化。具有包容性的"立宪"政体，甚至是贵族共同体，所需的德性程度接近于君主制德性等级的最低点，以保证存在差异的城邦统一体能够支撑维系而不溃散。"宪政式的"德性不符合君主制的标准——例如，民人或许只能理解审慎的判断，却无法做出这样的判断——在亚里士多德看来，这并未剥夺德性的相对价值。不过，这种价值来源于其相较于更高标准而获得的等级划分。因此，尽管亚里士多德包容大多数政治共同体所能达到的德性的模糊近似值，但他却无法认同如下概念，即没有比每个人所能拥有的德性更高等级的德性原则。例如，他认为审慎并不是每个人的天赋，相反，审慎仅为少数治邦者所有。亚里士多德对政治共同体的支持不能与其对至高德性的考虑相割裂，因为至高德性就是产生政治共同体相对价值的绝对标准。

　　更重要的是,从原则上讲,拜纳和伽达默尔构想的政治共同体不符合亚里士多德的政治哲学,因为他们以完全不同的理由构想了政治生活的自然性。如我们所见,对亚里士多德来说,政治共同体和君主统治都受自然的裁处。也就是说,共同参与统治和一人专治都是符合自然的。亚里士多德在《物理学》(*Physics*)中给出了理解政治生活的自然状态的论证过程,文中提到,可按两个术语理解自然状态,即自发的自我运动和类似于工匠制作事物时的理性的精确性(rational precision)。换言之,自然现象是自发之物与理性构筑之物的混合品。自然状态不仅通过自身运动体现,还由技艺(technē)和制作(poiēsis)体现。① 把这种对自然状态的理解延伸到政治生活,政治学的自然领域也就相应地结合了政治共同体的自主管理和君主的治国技巧,而审慎的统治者用该技巧"使人变得更好"。笔者已经论述过,亚里士多德是如何抵制政治共同体与君主统治的融合,这与柏拉图不同。尽管不能由亚里士多德的论证得出主张纯粹的君主政体这一结论,也不能由此得出主张纯粹的世界大同主义的结论,因为亚里士多德的政治学的自然状态概念,需要结合自发性和专业技术维度。

------

　　① 　前苏格拉底哲人以为自然状态完全是自发的运动或生成,亚里士多德对此持反对意见,因为这无法解释可见事物的形式和目的(《物理学》193a5–193b20)。但亚里士多德也反对完全对立的观点,即把自然等同于理性建构——该观点或不那么明显,主要由于亚里士多德式学者的影响,如托马斯·阿奎纳,他错误地以亚里士多德的名义提出该观点(如托马斯1963:124)。尽管为了反驳前苏格拉底的观点(《物理学》199a10–20),亚里士多德在某些方面将自然比作技艺,但整体来看他对自然的类比就是"医生为自己看病"(199b27–35),即生理基础(generational substratum,病人的病体)与技艺(医生的医治技能)的不可简化的混合。

　　自由主义政治哲学家们,例如霍布斯,通过将自然状态概述为纯粹的自发性的自身运动,并坚称人反抗自然的能力正是如此构想出来,还重建了无目标的不稳定性,以此打乱了亚里士多德式平衡。卢梭反对这种纯技术性的治国模式,方式则是通过唤起自然生活中自发性自由与整体性,这种整体性是社会所固有的,相对来说更接近自然,且不同于现代资本主义城邦所引起的人工化和隔阂化。拜纳和伽达默尔重复了卢梭的观点,即一旦解除了城邦及支撑城邦的技术理性对人的束缚,人们的幸福之花将自由绽放。然而,问题是不仅霍布斯对专业技术的强调脱离了其自然支柱,而且卢梭对自发性的强调也失去了理性的结构,这都是对亚里士多德政治生活自然状态含义的歪曲。

　　亚里士多德认为,尽管人天生就倾向于德性和合作,但他并不会自觉地去做,也不会仅仅通过解除外在束缚来实现这一点。相反,需要用法律和惩罚措施强制不守规章之人远离强大的趋恶性。因此,德治是一种"制作"或建设,通过使人抵御较低层次的冲动,鼓励其追求更高目标,完善人类的天性。因此,对亚里士多德来说,尽管政治学不等同于制作和技艺,但制作和技艺都不只是异化性和限制性的。亚里士多德理解的政治学是"自然的",因为由于要适应审慎地估计出的环境条件,政治学不断地在自治自由与治邦术的权威之间移动。

后　记

　　现代科技文明的进步会让我们产生一种盲目的错觉：我们在政治领域所取得的进步，如同在科技领域取得的进步一样，远远超过古人。然而，这种思维模式是早就为尼采所极力克服的历史主义思潮：我们在这样的历史线性发展的情绪之中，找到了现代人骄傲的存在感，从而得以鄙夷古人的智慧。

　　尼采所言不虚，历史主义的问题的确严重，凭借一个简单的常识即能发现这背后的问题：我们现代的文学专业教学以及考试，多以《中国文学史》《外国文学史》《文学理论史》等科目为主，这样的教学培养起的全是学生的"历史"意识，离真正的文学还有一定的距离。换言之，李白、杜甫之类的文学大家，从来没有读过这类文学史，却不影响他们成为文学大家，而我们的学生熟读上述教材也无法与李、杜共享文学的创造力。我们会误以为掌握了历史的知识，就理解了文学，或者说，知道了历史上所有文学家，也就算是文学专业之士；殊不知，这样的文学专业之士根本不具备基本的文学创作能力。

　　我们一方面在历史主义的影响之下，变得不再具备基本的文学能力，而是把历史知识当作专业的知识，并在如此这般的历史知识的学习之中，养成了鄙夷古人的目光：即便我们根本没有认真阅读柏拉图、亚里士多德，但这并不影响我们在心底里觉得自己高他们一等；毕竟，我们生活的时代更新，也就意味着我们比柏、亚了解更多的历史知识,也就比他们智慧。毕竟,我们可以笑着说:"柏、亚知道什么是微信吗?"

在此之上,我们知识分子群体养成了一股对陌生和未知领域的傲慢之心,而非敬畏之心。我们对于自己未知的领域拥有了更多的发言权和决断权。即便我们不是政治学专业人士,也不具备该专业领域的知识,但并不影响我们就现今的国际政治局势做出自以为准确的价值判断。更有甚者,或许某一天我们能"自由民主地"改造医院之中的政治生态,打破医生凭借专业知识对病人实行"独裁"的局面,还病人以真正的自由:即便我们并不懂得丁安卡拉与阿奇霉素之间的区别,但我们还是能就病人的身体发表自己的看法,左右医生与病人的选择……若想避免这种荒诞的局面,知识分子就必须首先懂得政治领域的知识,它远比医学知识更复杂。

该书是恩师程志敏当年指导我研习亚里士多德《政治学》的一个附产品;当年的任务未完成,便去跟随刘小枫老师读博士,研究亚里士多德的《诗术》(曾译《诗学》),此后又跟随王柯平老师研究古典诗学,一直将这个任务遗忘在角落里。多年过去之后,我们知识分子群体之中对于政治学专业领域的知识仍然严重不足,对于历史主义的病毒清除仍然不够,同时,对于亚里士多德这类经典文本的研究还存在着缺失,于是,这部译作仍然有面世的必要——对政治学的研究,对于我自己,对于我在知识分子圈子里的朋友们来说,都十分必要。这本小书的价值也正在于此。

本书选文均为西方研究亚里士多德《政治学》的代表性成果,能为汉语学界的深入研究提供帮助,或许还能为我们接下来的研究方向提供参考。政治学应该是人类最复杂、最难掌握

的学科,除了盲目自信的现代知识分子,谁又敢自称是该领域的
专家呢？笔者更希望这本书成为我的朋友们学习与交流的某种
载体,以推动我们知识分子对政治知识的深入认知。若有不妥,
还望大方之家不吝赐教。

崔 崑

北京第二外国语学院

文化与传播学院　区域国别学院

中国区域国别高等研究院

2022.10.7

图书在版编目(CIP)数据

亚里士多德论政体/崔嵬,程志敏编;符雪茹等译. ‒‒北京:
华夏出版社有限公司,2023.6

(西方传统:经典与解释)

ISBN 978 ‒ 7 ‒ 5222 ‒ 0474 ‒ 1

Ⅰ.①亚… Ⅱ.①崔… ②程… ③符… Ⅲ.①亚里士多德
(Aristotle 前 384 ‒ 前 322) ‒ 政治哲学 ‒ 研究 Ⅳ.①B502.233
②D0

中国国家版本馆 CIP 数据核字(2023)第 019455 号

亚里士多德论政体

编 者	崔 嵬 程志敏	
译 者	符雪茹 等	
责任编辑	马涛红	
责任印制	刘 洋	
美术编辑	殷丽云	
出版发行	华夏出版社有限公司	
经 销	新华书店	
印 装	三河市少明印务有限公司	
版 次	2023 年 6 月北京第 1 版	
	2023 年 6 月北京第 1 次印刷	
开 本	880×1230 1/32	
印 张	7	
字 数	148 千字	
定 价	49.00 元	

华夏出版社有限公司 地址:北京市东直门外香河园北里 4 号 邮编:100028
网址:www.hxph.com.cn 电话:(010)64663331(转)

若发现本版图书有印装质量问题,请与我社营销中心联系调换。

西方传统：经典与解释
Classici et Commentarii
HERMES
刘小枫◎主编